신념의 매력

신념의 매력

신선숙 수필집

추천사

범접하기 어려운 포용력

　함께 있다면 늘 웃음을 주는 존재는 얼마나 고마운가. 티끌 하나 느낄 수 없이 해맑은 그의 눈과 미소만 보아도, 그 공간은 이미 행복해진다. 잔잔한 웃음을 띠는 신선숙 선생의 정다운 눈길은 늘 그윽하고 다정하다. 함께한 세월 동안 그가 누구를 쏘아보거나 무시하는 태도를 본 적이 없다. 짧은 문장으로 이루어진 그의 글에는 항상 풍자와 해학과 골계가 어우러진 일상의 품격이 있다.
　다만 나는 이번 단행본 원고를 읽고 큰 충격을 받았다. 그간 내가 읽지 못했던 참척慘慽의 아픔이 글에 있었다. 참척, 부모가 자손을 먼저 영원한 저 편으로 배웅하는, 견딜 수 없이 참혹한(慘) 슬픈 근심(慽) 말이다.
　상상할 수 없는 아픔을 체험하고 어찌 그리 해맑은 웃음과 해학을 선사할 수 있을까. 범접하기 어려운 포용력이다. 그것은 까닭을 알 수 없는 늪을 기어가며 넘어선 포월匍越의 포용이다. 그것은 사람들 사이의 다양한 슬픔과 차이를 웃으며 껴안는 배려의 포용이다. 그것은 어떠한 종교의 차이도 사랑이라는 기적으로 껴안는 은사의 포용이다.

  그리스 비극이나 니체의 『비극의 탄생』을 인용하지 않더라도, 최고의 감동은 비극속에서 희극으로 길러우러낼 때 큰 울림으로 번진다. 이 책이 적지 않은 감동을 주는 까닭은 바로 비극을 극복해낸 커다란 포용력을 장착한 산문집이기 때문이다.

  십년 가까이 신선숙 선생님의 품성과 글을 보며, 검박한 일상 용어로 쓴 산문을 다시 읽으며 이 일상의 소중한 기록에 감사드린다. 참척의 아픔을 극복한 비범한 포용력, 어떠한 고통이라도 함께 극복하는 힘, 그것이 이 책이 주는 너무도 소중한 선물이다.

김응교
(시인, 문학평론가, 숙명여대 교수)

작가의 말

　자신의 의지만 주장하면 옹색해진다. 그런 삶이 힘들기에 자연과 예술로 숨구멍을 찾는다고 했다. 인간사의 감정 중 연민과 고통 없이 예술이란 불가능하다는 것이고 연민과 고통이 예술의 본질이라는 것이다.
　사람들은 예술의 본질 속으로 조금이라도 들어가고 싶어 글쓰기를, 그림을, 음악을 찾는 것 같다. 나에게도 글쓰기가 숨구멍이 됐을까. 글쓰기를 하면서 삶을 조금 객관적으로 볼 수 있게 된 것 같다.
　나를 아는 데 가장 좋은 수단이라는 수필을 늦게나마 배우고 쓸 수 있었다는 사실이 고맙다. 지나온 인생을 펼쳐 놓고 반성도 하고 성난 마음도 측은히 돌아보며 나 자신을 도닥도닥 품어 줄 수 있었던 것이 큰 수확이었다. 다른 이들에 대하여 포근한 마음이 생겨나고 용서라는 어려운 단어에도 조금 가까워진 느낌이 든다. '그땐 그랬겠구나' 하고 고개를 끄덕일 수 있을 것 같다. 결국 힘들게 살았든 쉽게 살았든 삶은 자신에게도 타인에게도 연민으로 귀결된다는 사실을 깨닫게 된다. 연민은 모든 것을 이해하고 끌어안는다. 그런 연민으로 선을 지향하며 점점 더 나은 삶을 살아갈 수 있다면 바람직하리라.

　사실 기쁨과 즐거움만으로는 이야기가 좀처럼 시작되지 않는다. 고통이란 것이 주어졌을 때만 삶의 이야기가 시작되는 것 같다. 고통을 견디다 보면 인생을 보는 눈이 생기고 사유가 깊어지기 때문이다. 삶을 직면한다고나 할까. 글을 쓰면서 깊은 슬픔이 지나가는 자리에서 비로소 성숙해지고 따끈한 그리움이 잉태된다는 소중한 사실도 알 수 있었다.

　내내 가슴속에 묻어두었던 말들을 꺼내어 글로 써봤다. 내 글에서는 무엇이든지 말할 수 있는 자유가 펼쳐진다는 매력이 있다. 어떤 이는 나의 에너지가 크니 글로써 공감하게 하고 사람들 마음을 편안히 해주라고 했다. 감히 내가 그런 역할을 할 수 있을까? 남보다 책을 많이 읽은 것도 아니고 별나게 살아오지도 않았으니 특별한 이야기도 없다. 평범하게 살아 온 인생, 일상의 이야기를 이것저것 써 보았다. 살아온 시간이 아쉬워서,

애처로운 그리움이 동력이 되어 글을 쓰게 된 것은 아닐까 생각하면서 나와 가족은 물론 이웃과 친구 등 주변의 인연들 이야기까지 주섬주섬 모아 글로 엮어 보았다.

　사람들은 남과 비교할 필요도 없는 자신만의 삶을 타인의 불행이나 행복과 견주어 저울질하며 안심하기도 하고 불안해하기도 한다. 그 모든 것이 나의 일이고 다른 사람 아닌 나에게도 벌어질 수 있다는 사실을 삶이 끝날 때까지는 아무도 모른다. 내가 살아 온 길을 써놓은 이야기를 누군가가 공감해주고 위안을 받으며 웃어주고 울어준다면 고마울 것이다. 또한 어리석은 시행착오도 거울로 삼아주길 바란다면 너무 큰 욕심일까.

　글쓰기에 끼가 있다며 아낌없이 격려해주신 임헌영 교수님이 계셔서 글을 썼고, 책을 내기까지 독려해주시며 돌봐주신 김응교 교수님 덕분에 오늘이 있게 된 것 같다. 문우님들과 지인들의 사랑과 격려도 어찌 잊을 수 있을까. 책을 내주겠다며 말없이 응원해준 남편이 고맙다. 컴퓨터를 사다 주며 글쓰기에 시시때때로 응원과 박수를 쳐준 아들이 있어 오늘 내가 존재하는 것이 아닐까 하고도 생각한다. 내 소중한 아들, 며느리와 손주인 태림, 민찬, 가경과 그리운 희성이에게 이 책을 바친다.

2024년 봄
신선숙

4 　작가의 말

1- 평범한 일상 속 기적들

18 　사생이
23 　막가파 사랑
28 　전복 가운데 토막
33 　할망
39 　흐지부지한 놈
44 　필요한 시기
48 　돌아온 14킬로
53 　모르고 지은 죄
60 　종부가 뿔났다
66 　슬리퍼
74 　신념의 매력

2- 나보다 네가 더 힘들 거야

깜빡깜빡	82
네가 더 힘들 거야	88
잉태	93
귀양다리 해배되다	98
누가 아이일까	104
점	110
백 오십 만원	115
남기는 것	121
월세는 괴로워	127
어퍼컷	134

3- 사랑보다 높은 것이 있어

142 질투는 늙지 않는다
146 볏단 나르기
151 돈과 딸
156 사랑보다 높은 것
162 유심히
167 홀연히
171 잠은 꼭 집에서 자겠습니다
175 그런 연애 한번 해 볼걸
181 6인실
185 수행자처럼
189 전안례

4- 삶이 힘들 때 그리운 얼굴들

나이스 파 196
저분 참 불쌍하지 않아요? 202
하모니카 반장 207
알랭들롱이 뭐길래 213
보따리 219
인신공양 224
꽃보다 청춘으로 228
52년생 김지영 233
그대로 238
무지개 243
쭈글쭈글할 때만 간다 249

5- 내 하나의 사람아

256 꼭 붙잡고 따라갈 거야
261 아무리 멀리 있어도
266 엄마가 행복해야
273 나도 행복하니까
277 우리들 끼리만의 한번

281 해설

1-평범한 일상 속 기적들

1

평범한 일상 속 기적들

사생이

막가파 사랑

전복 가운데 토막

할망

흐지부지한 놈

필요한 시기

돌아온 14킬로

모르고 지은 죄

종부가 뿔났다

슬리퍼

신념의 매력

사생이

나는 여태까지 죽을 고비를 네 번이나 넘겼다. 그런 경우 사람들은 명이 길겠다고 덕담을 해준다. 외갓집에서 태어나 서너 달쯤 되어 막 고개를 가눌 때 외할아버지가 나를 업고 소에게 물 먹이러 가던 참이었다. 여름철이라 기저귀만 채운 채 한 손으로 내 엉덩이를 받쳐 들고, 다른 한 손으로는 소의 고삐를 잡고 유유히 개울가로 가고 있었다. 그런데 이놈의 소가 얌전히 음매 음매 울며 쫓아오다가 갑자기 내 엉덩이를 두 뿔로 걸어차 하늘 높이 날려 버렸단다. 어떻게 됐을까? 소 꼬랑지 뒤로 날아간 나는 다행히 잔디가 많은 곳에 떨어졌다. 토실토실한 내 엉덩이에는 멍이 퍼렇게 들었고 머리가 물렁물렁해졌다. 하지만 달리 다친 곳은 없었고 놀란 듯 조금 울다 말더라고 했다. 한 달이 지나고서야 머리가 단단해졌다. 갓난애가 그 정도면 바로 죽었을 테지만 나는 지금까지도 살아 있다.

두 번째 고비도 세 살 때, 역시 외갓집에서였다. 차가 다니는 큰길에서 언니가 친구들과 노는데 나도 끼어 놀고 있었다. 그때는 시골이라선지 차가 드문드문 다녀 아이들이 한길에서 잘 놀았다. 한참 놀고 있을 때 큰 트럭이 달려왔다. 몸이 잽싼 언니는 피했는데 나는 어떻게 된 일인지 차 밑으로 들어가 버리고 말았다. 놀란 운전사가 급히 차에서 내려서 보니 바퀴와 바퀴 사이, 바퀴 축 가운데 반듯이 누워 있더라는 것이다. 그 뒤 외갓집 동네에선 나를 '차 강알(가랑이)에서 살아온 아이'라는 긴 별명으로 불렀다.

멀미를 아주 심하게 하시는 친할머니는 손자들이 보고 싶어도 차나 배를 못 타시니 우리가 살고 있던 전남 광주에 오실 수가 없었다. 그러는 할머니를 못내 가슴 아파하시던 아버지는 할머니의 외로움을 달래 드리려고 제주로 우리를 번갈아 보내셨다. 언니를 1년 동안 보냈고 이어 나도 국민학교 3학년 때 제주에 보내졌다. 육지에서 온 내가 전라도 사투리를 쓰면 동네 언니들이 와 웃으며 귀여워해 주고 여기저기 데리고 다니기도 했다.

하루는 소라를 딴다고 바다에 간다기에 나도 따라간다고 졸라 같이 바다로 갔다. 나더러 바위 위에서 놀고 있으라면서 모두 바다에 뛰어들어 물속으로 감쪽같이 사라져 버렸다. 혼자 망망대해를 바라보자니 바다가 너무 예뻤다. 바로 눈 아래 보이는 하얀 모래가 발만 넣으면 밟힐 것 같아 두 발을 바다에 넣었다. 이럴 수가. 보기와는 다르게 물은 깊었고 수영을 못하는 나는 한없이 바다 밑으로 가라앉았다. 그 순간까지 똑똑히 기억난다. '이렇게 죽는구나.' 어린 나이였지만 죽음을 감지할 수 있었다. 물속에 가라앉으면서도 엄마, 아버지, 할머니 그리고 형제들이 또렷하게 다 생각났다. 특히 내가 까주는 조갯살을 받아먹던 둘째 남동생의 귀여운 모습이 눈앞에 아른거렸다. '이젠 다시 못 보겠구나. 나 없어도 잘들 있어라'라며 혼자 인사를 했다. 그러고는 정신을 잃었다. 한 해녀 언니가 물질을 하다 숨을 쉬려고 물 위에 나온 김에 내가 잘 있나 살피는데 보이지 않자 나를 물속에서 찾았다고 한다. 죽은 줄 알았다면서 인공호흡도 하고 야단이 났었다. 이 일은 언니들이 할머니에게 비밀로 하라고 해서 끝까지 입을 다물었던 사건이다.

그 후 얼마 지나지 않아 외할아버지가 혼자 사시는 할머니를 위해 소나무를 베어 주러 오셨다. 1년에 한 번씩은 소나무 가지를 쳐줘야 하는데 나도 따라가겠다고 졸라 소나무 산에 갔다. 소달구지에 소나무를 잔뜩 싣고 산에서 내려오던 중 할아버지에게 달구지 꼭대기에 앉겠다고 떼를 썼다. 위험할 수도 있으니 그냥 걸으라고 하셨지만 난 귀여운 손녀 아닌가. 나뭇단 맨 위에서 꽁꽁 묶인 굵은 줄을 잡고 재밌게 내려오다가 그만 휘청하고 굴러떨어져 순식간에 절벽 아래로 곤두박질치고 말았다. 이번에는 절벽 중간쯤에 있는 나뭇가지에 걸려 살아났는데 얼굴에 상처만 나고 다른 데는 멀쩡했다. 꼭 영화 속 장면처럼 그렇게 또 살아났다.

할아버지는 미안하기 짝이 없다는 표정으로 할머니에게 죄송하다고 연신 머리를 조아려 사죄하셨다. 할아버지는 많이 놀라셨을 테지만, 그 모습이 나는 재미있기만 했다. 다음날 새벽에 할머니는 두 마을이나 지나서 살고 있는 심방(무당)을 데려왔다. 심방은 나를 대청마루에 꿇어 앉히고는 물을 뿌리고 쌍칼로 내 머리를 두드리며 내 주위를 빙빙 돌면서 춤을 췄다. 한쪽 눈을 뜨고 보니 "넋들라! 넋들라! 넋들라!"라고 크게 외치면서 쌍칼을 대문 쪽으로 확 던지며 굿이 잘됐다고 심방이 말했다. 지금까지 살아 있는 것은 그때 할머니가 넋을 드려 굿을 해 주신 덕인 것 같다. 놀라면 넋이 나간다는 것이다.

그 후 할머니 사랑이 더 극진해진 것을 어린 나도 느낄 수 있었다. 일 년 반이 지나 광주로 돌아오던 날 버스를 타고 뒤를 보니 할머니는 마치 마지막으로 보기라도 하는 것처럼 차가 모퉁이를 다 지날 때까지 찻길 한가운데에 오랫동안 서 계셨다. 그날 밤 할머닌 허전해서 어떻게 주무셨을까?

유년 시절에 다 제주에서 생긴 사건들이다.

우주에 어떤 인연이 있기에 한 번도 아니고 네 번씩이나 죽을 고비마다 살려 줬을까. 분명 무슨 이유가 있을 것 같다. 나의 인생에 어떤 큰 의미를 부여해서 그 몫을 하게 했을 텐데 지금까지는 그저 평범하게, 조용히 살아가고 있다. 어디엔가 내 삶이 크게 쓰일 것도 같은데 찾아내지 못하겠다. 아니 어쩌면 이렇게 평범하게 살아가는 것이 가장 큰 복인지도 모르겠다.

네 번 죽다 살아났으니 사생四生을 음미하여 죽음과 삶이 같이 있다는 생사일여의 교훈을 깨우치라는 뜻일지도.

살다가 어느 날 정말로 가게 될 때 아무 후회 없이 잘 살다 가노라는 임종 송을 남길 수 있도록 남은 날들을 의미 있고 보람 있게 살아야 할 것 같다.

막가파 사랑

어쩌다 손녀를 늦게 보았다. 낳자마자 며느리는 손녀가 나를 많이 닮았다고 했다. 그래서 더욱더 사랑스러운 것일까. 첫 손녀는 사람을 알아보면서부터 헤어지는 것을 싫어했다. 헤어지지 않으려고 붙잡으면서 슬피 울어댄다. 정이 남달리 많은 아이인가 보다. 동생들이 둘이나 생겨서 사랑에 경쟁이 붙어선지 토요일이면 할머니하고 자고 싶다며 나에게 온다. 삶에 시름이 생겨도 손녀를 보는 마음에 그런 것은 녹아 없어지는 듯해 마냥 설렌다. 자주 오는데도 돌아가는 뒷모습은 휑하니 쓸쓸하다.

내 할머니 생각이 났다. 두 해를 같이 살다가 하루아침에 육지로 나를 떠나보낸 할머니의 심정은 어땠을까. 혼자 사시는 할머니께 말벗이라도 되어 드리라며 아버지는 국민학교 3학년 때 나를 제주에 보냈다. 나는 어려선지 부모에게서 막연히 버림받았다는 느낌이 들기도 했다. 일 년 후에 날 보러온 엄마와 동생이 다시 돌아갈 때 헤어지는 슬픔이 이렇게 아픈 것이구나 하는 마음이 들어 많이 울었던 기억이 난다. 아직도 그 아픔을 내 가슴에 새겨두고 있는지 좀처럼 사람들과 헤어지기가 싫다. 사랑과 이별을 그때 배웠던 모양이다. 나에게 사랑이 있다면 그 사랑을 처음 가르쳐 준 사람이 할머니였을까. 할머니에게 받은 사랑을 나는 손녀에게 그대로 전하고 싶다.

할머니는 어린 나를 바라보며 나름대로 걱정이 많았나 보다. 당신 눈에 예뻤던 손녀가 행여 일찍 남자들 꼬임에 빠질까 그것이 걱정이었던 것 같다.

국민학교 4학년 때 화장실 벽에 내가 동네에서 가장 잘 살고 잘생긴 애와 연애한다는 낙서가 쓰여 있었다. 난 그 낙서가 그렇게 싫지는 않았다. 해서 저녁에 할머니에게 말했다.

"머엔 고람시니?(무슨 말이니?) 니영 정미솟집 아들광 연애 걸엄덴?(너랑 정미소 집 아들하고 연애한다고?)"

그 소식을 들은 할머니는 다음 날 새벽 담임선생님을 찾아가 범인을 색출해 혼내달라고 부탁했다. 다음날 운동장에 전교생이 불려 나왔다. 할머니를 위해 부모 형제가 사는 육지를 떠나온 심청이 같은 나를 놀리면 안 된다는 훈계가 있었다. 나를 전교생이 다 돌봐줘야 한다며, 아버지 친구인 담임선생님이 마이크에 대고 소리 높여 연설했다. 할머니의 치맛바람은 효력이 컸다.

중2 겨울 방학에 할머니를 보러 제주에 혼자 가게 되었다. 목포에서 '가야호'라는 큰 여객선을 탔는데 멀미를 심하게 했다. 그때 서울에서 대학을 다니다 방학을 맞아 제주 친가로 내려가던 오빠들이 나를 많이 도와주었다. 유난히 얼굴이 하얗고 『빨간 머리 앤』에 나오는 길버트 같은 대학 2학년생, 지금도 이름까지 잊지 않고 있는 오빠가 책을 많이 읽어야 한다고 했다. 읽어야 하는 여러 가지 책들을 내용까지 줄줄이 알려주며 재미있게 해줘 멀미를 잊게 했다. 며칠 후 몇 시에 관덕정으로 오면 제주도를 두루 구경시켜 주고 맛있는 것도 사준다고 했다. 속으로는 가고 싶었지만 가지 않았다. 버스를 타고 찾아가는 것도 쉬운 일이 아니고 어쩐지 용기가 안 나서였다. 친구들과 그냥 곽지 해수욕장에서 놀아버렸다.

한창 놀고 있는데 그 오빠가 친구와 함께 모래사장에 나타나는 게 아닌가. 몇 시간을 기다려도 내가 나타나질 않아 자기가 친구랑 왔다고 했다. 괜히 부끄러워 말도 못 하고 우물쭈물하고 있는데 마을 이장이었던 괜당(친척)이 마을의 젊은 청년들을 모두 데리고 모래사장에 우르르 나타났다. 그러고는 악당을 쳐부숴야 한다는 듯 험악한 표정을 지으며 그 오빠들을 몰아붙이며 쫓아버렸다. 나를 쳐다보며 돌아서서 가는 그들을 보며 큰 죄를 지은 사람처럼 얼어붙어 아무 말도 못 하고 바라보기만 했다.

곽지에서 신의원 댁을 찾으면 모르는 사람이 없다고 했던 자랑을 듣고 어렵지 않게 할머니를 만났을 것이다. 할머니는 놀라서 이장에게 달려가셨다. 그 오빠들이 변명 한마디 못 하고 끌려가던 모습이 지금까지도 슬프고 미안하다. 날 도와준 좋은 사람들이라고 나서서 말 한마디 못 한 용기 없는 그런 애였다. 어렸을 때 있었던 그 두 가지 사연으로 그 후 나는 예쁜 옷 입는 것을 포기해야만 했다.

할머니가 엄마에게 예쁜 옷을 입히지 말라 이르셨단다.

"야이는 고와부난 소나이들이 하영 쫓아다녀부렁 팔자 쎄지카부덴 걱정이난 맹심허라(이 애는 예뻐서 남자들이 많이 쫓아다녀 팔자가 세질까 봐 걱정이니 명심하라)."

이건 순 노파심이다. 이 사건이 빌미가 되어 커가면서 난 외출하는 것도 제약을 받고 아버지에게 일일이 허락을 받아야 했다. 멀리 떨어져 살며 불효했다는 생각에 아버지는 할머니의 간곡한 당부를 지켜드리고 싶으셨던 걸까. 그 후 결혼하기 전까지 웬만한 것은 아예 스스로 포기했던 것 같다. 연애도 안 해보고 속 썩이지 않는 모범생으로 밋밋하게 청춘을 보내버린 것이다. 지금 가장 후회되는 일이다. 힐머니에겐 내가 너무 예뻐서 어린 나이에도 남자들이 모여든다고 고슴도치 같은 눈으로 보셨을 것 같다.

내가 늙어가니 나도 여지없이 손녀가 너무 예쁘다. 하나하나에 염려가 생긴다. 이 어려운 세상을 나처럼 살면 안 되는데 하는 걱정이다. 정이 많은 아이라서 사람들과의 관계를 원만하게 끌어나갈까. 혹여 상처를 받으면 어쩌나. 정말 노파들이나 하는 쓸데없는 걱정을 한다. 손녀는 뭐든 스스로 선택하여 많은 사람과 만나고 헤어지기도 하며 내공을 길러 인생을 잘 헤쳐 갈 수 있다면 좋겠다. 실패도 해보고 짙은 사랑도 해보는 멋진 여자가 되기를. 그래서 자기 인생을 남에게 의지하지 않고 스스로 이끌어 갈 수 있는 주체적인 여성이 되면 좋겠다. 세상과 맞서기도 하고 오히려 내 할머니처럼 박력 있게 하고 싶은 것, 해야 할 것은 거침없이 실행에 옮길 수 있는 용기 있는 손녀이길 바란다.

    삶이 힘들 때 이상하게도 그 막가파 같은 쓸데없는 할머니의 간섭이 그립다. 나를 위해 새벽부터 남의 집에 쳐들어가면서까지 극성을 피워 주신 할머니가 보고 싶고 고마운 것이다. 누가 나를 위해 할머니처럼 내 앞을 가로막는 자를 악착같이 막아 주려 할까. 그 사랑이 있었기에 살다가 탈출할 수 없는 두꺼운 벽을 만날 때 어느 순간 할머니의 강한 기운을 끌어다 썼던 것 같다. 생각지도 않게 강한 결단력을 발휘할 때 가끔 그런 생각을 한다.

전복 가운데 토막

전복을 보면 세 토막 내어 가운데 살이 소담한 부분을 얼른 집어 먹는다. 오물오물 씹고 있으면 떠오르는 사람이 있다. 바로 엄마다.

돌아가시기 며칠 전 오랜만에 오셨기에 전복을 사서 다듬었다. 식탁에 앉아 지켜보시던 엄마가 제일 큰 전복을 가리키면서 삼등분으로 자르라고 하셨다. 시키는 대로 토막을 내니 가운데 토막을 빨리 먹으라고 했다. 왜냐고 묻는 내게

"이제부턴 무엇이든지 가장 좋은 것은 너부터 먹어라. 너를 우선으로 챙기란 말이야!"

그때는 이해가 안 됐다. 주부가 가족 먼저 챙기지 않고 어찌 자기 입부터 챙길 수 있을까 하고 그냥 흘려들으며 웃고 말았다.

엄마는 소고기나 돼지고기를 먹으면 두드러기가 난다면서 평소 김치와 채소, 생선 대가리만 즐겨 드셨다. 말년엔 힘이 달리셨는지 갈비도 좋아하신 것을 보니 고기를 먹으면 두드러기

가 난다는 것은 핑계였나 보다. 다음 날은 동네 가로수 길에 있는 이태리 식당에 가서 스테이크를 사드렸다. 딸이니까 이런 멋진 곳에 데려와서 맛난 음식을 사주지 누가 데려오겠느냐며 마냥 행복해하셨다. 앞으로 비용은 당신이 다 낼 터이니 이런 데 자주 오자면서 큰 접시에 가득한 음식을 하나도 안 남기고 깨끗이 비우셨다. 금방 또 오겠다는 말을 남기며 환히 웃던 모습이 마지막일 줄은 몰랐다.

　엄마는 제주도 비바리로 물질을 잘하고 집안일과 동생들을 잘 건사하다 보니 요망지다(똑똑하고 야무지다)는 평판이 돌아 이웃 마을 신 약국집 외아들에게 시집가게 되었다. 신 약국은 그 당시 일본과 제주에서 명의로 명성이 자자하여 여러 마을에서 존경을 한 몸에 받고 있었다. 동네 사람들은 그런 집의 외아들에게 시집가는 복 많은 엄마를 부러워했다. 학교 문턱도 못 넘어 본 엄마는 대학 나온 신랑에게 자격지심이 많았는지 평생 주눅이 들어 잘생긴 아버지를 하늘처럼 모시며 살았다.

　궂은일이나 어려운 일은 모두 엄마가 했다. 비가 억수같이 많이 와 지붕이 새면 기왓장을 젖혀 비닐을 덮으며 추위에 떠는 사람은 아버지가 아닌 엄마였다. 아버지가 올라가면 안 되냐는 내게 "너네 아방 다치면 큰일 아니가?" 하셨다.

　본인 안전보다 아버지를 우선으로 생각하는 지극한 사랑이었던가.

지금 생각해도 아찔한 엄마의 무용담이 있다.

신혼 초에 아버지는 목포에서 고등학교 교사로 재직하셨기에 엄마는 제주에서 시부모님을 모시고 살았다. 어느 날 신랑을 보러 먹을 것을 바리바리 싸 들고 집을 나섰다. 목포에 도착은 했는데 그만 태풍을 만나 하선할 수가 없었다. 태풍이 지나가는 이틀 후에나 내릴 수 있다는 통고를 받았다. 신랑을 빨리 보고프기도 했겠지만, 맛있는 음식을 맛있을 때 먹이고 싶은 욕심에 비료를 포장했던 비닐 부대에 음식을 쌌다. 물이 들어오지 않게 꽁꽁 싸서 허리에 묶고 높은 여객선 갑판 위에서 몸을 날렸다. 태풍 속에 거친 파도를 뚫고 헤엄쳐 아버지가 있는 육지를 밟았다는 것이다. 신랑 먹을거리가 든 짐을 머리에 이고 버스도 끊긴 빗길을 걸어서 한밤중에 하숙방에 나타났더라고 했다.

아버지는 항구 봉쇄령을 라디오에서 듣고는 마중 가는 걸 포기하고 자고 있었다. 비에 흠뻑 젖은 모습으로 엄마가 밤중에 나타나자 귀신인 줄 알았다면서

"니네 어멍은 목숨 아까운 줄 모르는 무식한 여편네더라."

아무리 제주 좀녀(해녀)라고 하지만 생명이 위험한 지경에 만용을 부린 행동은 상상만 해도 아찔했다. 무모한 양처 노릇을 한 엄마는 동정을 받기는커녕 핀잔만 들었다.

말년에 막내딸을 좋은 데로 시집보내려는 욕심에 내로라하는 중매쟁이들을 만나다 그만 아버지가 이 여사라는 여자와 바

람이 났던 모양이다. 목숨까지 내놓으면서 본인을 아끼는 엄마를 배신한 것이다. 무등산 물 좋은 계곡에서 오리백숙을 사주며 행복한 표정으로 웃고 있던 현장을 엄마가 딱 목격했다나. 노기가 충천하여 여러 번 나에게 하소연했는데 밥 한 번 사준 것 가지고 그러냐고 오히려 나는 엄마를 나무랐다. 분명히 나도 여러 가지 의혹을 느꼈으면서도 이 매정한 딸년이 엄마의 하소연을 무시해 버린 것이다. 늘 아버지 편만 들었던 내가 얼마나 미웠을까. 한없이 외로웠을 엄마, 나중에 아버지에게 확인했다.

"이 여사가 애교가 넘치고 아는 것이 많아 같이 있으면 재미있더라."

결혼생활 오 년 동안 아이가 없던 엄마는 주위에서 첩을 들여 후손을 얻으라는 성화에 주눅이 들었다. 간절한 기도 덕분인지 언니를 어렵사리 갖고 다음엔 꼭 아들을 낳으리라 기대하고 낳은 애가 나다. 모두가 서운해했다고 했다. 할아버지가 가장 섭섭해하시며 술을 잔뜩 드셨다 했다.

크면서 그 얘기를 듣는 나는 상심이 컸다. 가족들이 나의 탄생을 기뻐하지 않았다는 사실이 자존감에 타격을 준 것이다. 아들 터를 팔려면 딸을 아들처럼 키워야 한다는 옛말이 있다. 남동생을 보기 위해 나의 머리를 까까중처럼 밀었고 남자애들이 입는 옷을 입혔다. 그 덕분인지 연달아 남동생을 셋이나 낳

앉다. 최고의 공신인 나를 엄마는 두 손으로 떠받들고 사랑해 주어야 했을 것이다. 그러나 아들들을 보자 엄마는 터 팔아준 은혜를 저버리고 동생들만 애지중지하는 것 같았다. 어린 나는 본능적으로 아버지에게 찰싹 붙어 애교를 부렸다. 커가면서 아버지만 좋아했던 이유다.

　유언처럼 가장 큰 전복을 골라 가운데 토막을 당신 앞에서 꼭 먹게 한 엄마는 나름대로 나를 사랑하셨던 모양이다.

　윤년에 아버지 수의는 최고급으로 사놓고 본인 것은 후줄근한 것으로 차별 지게 준비해 놓고 먼저 훌훌 떠나가신 엄마다. 늘그막엔 헌신하면서 산 본인의 삶을 허무하게 느끼셨던 것일까. 살아가는 모습이 본인을 가장 많이 닮았다고 생각한 딸에게 희생만 하지 말고 자신을 챙기면서 살아가라고 전복으로 당부하셨던 것 같다. 지붕이 새거든 방에 가만히 앉아 비를 맞고만 있으라는 엄마의 말씀은 이 여사가 등장한 후에 모든 것이 억울한 김에 딸들에게 주었던 조언인 듯하다.

할망

팔자는 어쩔 수 없는 것일까.

어느 점쟁이가 아버지의 팔자에는 부인이 둘 있다고 했단다. 안 들었으면 몰라도 그 소리를 들은 엄마는 젊었을 때부터 몹시 괴로웠을 것이다. 아버지가 첩이라도 얻을까 봐 걱정을 많이 했던 것 같다. 일흔이 넘고 보니 안심이 됐던지 엄마는 어느 날 웃으며 사주팔자는 틀리더라고 말했다. 그러나 그 팔자라는 것이 틀리지 않았다.

늘그막엔 두 분이 꼭 붙어 다니더니 어느 날 엄마는 노심초사하며 아끼던 아버지를 남겨 두고 인사도 없이 훌쩍 떠나가 버렸다.

그러자 인물이 좋았던 아버지에게 다섯 명의 여자들이 서로 시집을 오겠다고 했다. 기자였다는 사람, 교장을 했었다는 사람, 도깨비 도로에서 쏟아지는 별들을 바라보면서 시를 읽어주던 여류 시인도 있었다. 파도치는 고향 바다에서 비키니 수영복을 입을 수 있는 날씬한 여성과도 데이트를 했단다.

수영을 잘하는 아버지는 수영을 못하는 것처럼 파도타기만 하다가 파도에 휩쓸려 일부러 쓰러지는 척하면서 그녀의 수영복 하의를 슬쩍 벗겨봤다고 하하 웃었다. 명랑하게 지내는 아버지를 바라보면서, 내 아버지라서 그런지 주책없다는 생각보다는 저 나이에도 저렇게 재미있게 살 수 있으니 다행이다 싶었다. 제2의 전성기를 만난 것 같은 아버지를 보고 죽은 사람만 불쌍하다며 엄마를 그리워하는 자식도 있었다.

　일흔다섯 살의 아버지가 데이트하는 커피숍에 가서 딸인 내가 멀리서 선도 몇 번 봤었다. 멋진 차를 사달라는 여자도 있었다. 그런데 정작 결혼하겠다고 데려온 여자는 교장도 시인도 아닌, 비키니는커녕 치수가 큰 원피스 수영복도 못 입을 만큼 뚱뚱하고, 세련되지 않은 촌 할머니였다. 나이가 있으니 데이트나 하다 말겠지 싶었던 자식들은 결혼은 안 된다며 반대하고 나섰다.

　특히 아들과 며느리들이 재산과 제사 문제도 있다면서 반대를 심하게 했다. 엄마가 열심히 모아놓은 재산을 다른 사람에게 나누어 주기 싫은 마음이 드는 것도 당연하겠다 싶었다. 결국은 이름도 새엄마가 아닌 할망으로 부르자면서 공증문서를 교환하여 그 할머니는 아버지의 동거녀가 되었다.

　딸로서는 마음이 편했다. 두 사람이 서로 챙기면서 외롭지 않게 사는 모습이 보기 좋았기 때문이다. 가끔 외로워하며 엄마를 그리워하는 듯하던 아버지는 짝꿍이 생겨서인지 안정을 찾으신 것 같았다.

그녀는 첫 번째 결혼에서 아기를 낳지 못하자 이혼을 당했고, 두 번째 시집을 가서는 재밌게 살아보려 했는데 신랑이 그만 죽어 버렸다고 했다. 어렵사리 딸 하나를 입양하여 잘 키워 시집을 보내고 나니 외롭고 허전해서 아버지를 만나 서로 의지하려고 동거를 하게 됐다고 했다.

'할망'이란 제주도 말로 할머니를 말한다. 새엄마도 아니고 도우미도 아닌 애매한 호칭을 우리는 너무나 자연스럽게 불러 댔다.

어느 여름 제주에 갈 일이 있어 기별도 하지 않고 갑자기 친정에 들렀다. 집 앞 놀이터에서 할망은 모시 적삼에 풀을 빳빳이 먹여 곱게 입힌 것도 모자라 아버지 옆에 앉아 열심히 부채질을 해주고 있었다. 아! 저런 점이 좋아 아버지는 세련된 여자들을 마다하고 저 할망을 택했구나. 열 자식보다 악처가 좋다는 옛말을 그 장면을 보고 실감했던 것 같다. 자식 중에 누가 그렇게 성의 있게 늙은 아버지를 보살피겠는가. 아버지만 있다면 친정은 삭막할 텐데 할망이 반갑게 맞아주니 고맙기도 했다. 여기까지는 아파트를 사달라, 차를 사달라고 했던 다른 여자들과는 다른 것도 같았다.

그러나 시간이 흐르자 며느리들과 할망이 삐걱거리기 시작했다. 그녀의 목소리가 커지며 재산 문제에 끼어들려고 했다.

며느리들이 보기에는 그냥 문서상 동거녀에 지나지 않는데 시어머니 노릇을 한다는 것이다. 말들이 많아졌다. 형제들도 시비가 붙기 시작했다. 친엄마는 자식들의 모자람을 덮어주고 혼자서 잘못을 쓸어안아 버리곤 했는데, 자리가 애매한 한 사람으로 인해 이상하게 서로 견제하는 듯한 분위기로 변해가는 듯했다. 며느리들은 할망을, 할망은 자식들을 못마땅하게 생각하는 것 같았다. 똑똑한 며느리들이 아버지 사후에 자신을 어떻게 처리할까 염려하던 할망은 아버지에게 술을 먹인 후 동네 사람 하나를 증인으로 데리고 구청에 가서 혼인신고를 하고 말았다.

그러고는 아들들에게 떳떳하게 본인을 부양하라는 소송까지 걸었다. 할망이 아닌 어멍(엄마)이란 호칭의 권리를 주장하고 싶었던 것 같다. 돌아가시기 전 엄마가 그렇게 걱정했던 일이 벌어지고 말았다.

7년을 동거하면 자연히 부부의 권리가 주어지는 법이 있는데 할망은 주위 사람들의 조언에 따라 경솔한 행동을 해 버렸다. 결국은 아들들이 재판을 하여 원인무효를 시키고 아버지를 서울로 모셔오면서 할망과는 이별을 하게 됐다.

나하고는 사이가 좋았던 할망은 그 후 소식을 끊고 사라져 버렸다. 가끔 궁금하여 수소문해 봤으나 알 길이 없었다. 5년이 지난 며칠 전 그녀에게서 전화가 왔다. 정신이 없어지기 전에 꼭 한번 보고 싶다면서 와 줄 수 없냐고 했다. 입양한 딸이 사는 동네의 양로원에 있다는 것이다. 궁금하던 차에 나는 바로 제주로 갔다.

휠체어를 타고 직원과 나타난 할망은 나를 힘껏 껴안았다. 직원에게는 서울 사는 딸이라고 나를 소개했다. 그래, 맞는 호칭이다. 몇 달 동안 법적인 딸도 됐었고 친정엄마처럼 제주의 명물인 옥돔과 자리젓도 가끔 보내줘 내 입을 호사하게 해준 할망이니까 말이다.

기억이 멀쩡할 때 인연을 확인하고 가슴에 담아 두었던 마음을 표현하고 싶었던 것 같다. 요양원의 한적한 환경 탓인지 지난 인생을 정리하는 과정에서 한 맺힌 과거를 비우기 시작한 것 같았다. 그 속엔 아버지를 나름 사랑했던 추억도 있으리라. 그의 마지막을 보지 못한 것이 무척 서운했다며 눈물을 글썽였다. 나에게만은 자신이 돈 때문에 아버지를 만난 것이 아니라고 해명하고 싶었던 것 같다. 처음 만날 땐 분명 정에 더 비중을 두었을 것이다.

몇 년 동안은 재판 과정의 후유증으로 힘들었는데 지금은 마음을 다 비웠으며 그곳 생활이 편안하다고도 했다. 자기의 삶에서 아버지를 만난 것이 즐거움이었지만 우리와는 악연이기도 했고 후회했다고도 했다. 이젠 휠체어에 앉아 돈을 쓸 수도 없고 남의 손을 빌리게 된 인생인데 재산 때문에 소송까지 했던 할망, 그토록 서로 미워하다가 소송에 이겼던 며느리가 나이 많은 할망보다 먼저 저세상 사람이 될 줄 누가 알았을까.

싸우면서 누가 먼저 죽을 줄 모르는 일이라고 며느리에게 악담했었는데 말이 씨가 됐다며, 할망은 미안하다며 착잡해 했다. 삶이란 이런 것인가? 내일을 모른다. 종국엔 덧없는 재산 싸움에 이긴 자도 진 자도 없었다. 글쎄, 우리 할망은 재산을 챙겨 입양한 딸에게 주려고 했을까 아니면 자기 삶의 길이를 모르니 긴 요양원 생활에 필요한 비용을 비축하기 위해서 그랬을까. 할망에게 조금도 빼앗기지 않고 다 챙겨서 자식들과 오래오래 부유하게 살리라 여겼던 며느리는 뜻밖에도 지금 우리 곁에 없다. 그렇게 악착을 부리던 그녀들은 아무것도 얻은 것이 없다. 고뇌와 쟁투의 결과물은 답 없는 허무함일 뿐이리라.

스피커에서 식사 시간을 알리는 노래가 나오자 할망은 하던 이야기도 중단하고 밥 먹을 시간이 됐으니 나에게 어서 돌아가라고 했다. 서울서 일부러 왔는데도 시간을 놓치면 본인이 밥을 굶어야 한다면서 직원을 불렀다.

지금 그녀에겐 재산도, 정도 아무 의미가 없고 한 끼 밥을 놓치지 않으려는 본능에 대한 충실함만 있는 것 같았다. 본인의 진심을 알아주기를 바라고 위로를 받고 편안해지고 싶은 할망의 마음을 내가 챙겨 들었다는 것을 그녀는 감지한 모양이다. 내가 사간 떡을 움켜쥐고 직원들과 다투고 있는 할망을 보며 이제 보면 또 언제 볼까 싶어 꼭 안아주고 발걸음을 돌렸다.

흐지부지한 놈

어릴 때부터 큰 꿈이 없었다. 뭐가 되겠다느니 하는 생각도, 누구를 크게 부러워하는 마음도 없이 그저 현모양처로 남편 출세시키고 애 낳아 잘 키우며 살림 잘하면 된다는 소소한 꿈을 꾸고 있었던 것 같다. 일찍 결혼해서 아이 키우느라 여념 없을 때였다. 어느 날 아버지가 용한 점쟁이에게 갔다 오는 길이라고 하셨다.

"당신의 세 딸 중에 신사임당 같은 따님이 한 분 나올 겁니다."

점쟁이가 그렇게 풀이해 줬다는 것이다. 약간 흥분하신 듯 눈을 반짝이면서 그 딸이 바로 너일 거라고 하셨다.

"우와! 내가요?"

신사임당이 누구인가. 대학자 이율곡의 어머니요, 그 시절에 무남독녀로서 친정집에 데릴사위를 들여 남편을 맞은 여성 파워를 과시한 분, 게다가 시와 서화까지 능하여 우리나라 여성을 대표하는 분 아닌가. 지금은 오만 원 권에 우아하게 앉아 계신 분이다.

순해 빠진 순둥이에 웃기나 잘하는 내가 감히 어떻게 그분에 견줄 수 있을까. 아버지의 빛나는 눈을 바라보면서 순간 나도 욕심과 기대가 일어났던지, 달뜬 흥분이 몸 전체에 일었다.

"무엇으로 내가 그렇게 된다는 거예요?"

아버지는 지금부터라도 여러 공부를 시작해 보라고 하셨다. 우선 『주역』을 배우고 음양오행의 섭리를 터득하는 것부터 시작하라 했다. 단어조차도 처음 듣는 공부를 하려고 문화센터로, 인연 닿는 선생님들을 찾아 개인교습까지 받으면서 열심히 공부했다.

세상 이치를 거기서 찾은 듯 행복했고 주위에 아는 척을 해댔다. 종교·철학·사상이 바로 여기 있고 포기와 관조의 여유를 여기가 아니면 어디에서 찾겠느냐며 마치 도인이 된 양 혼자 흐뭇해했다. 사실 즐거움 중에 배움의 즐거움만큼 큰 게 있을까.

다른 사람과 비교할 필요도 없었다. 모든 것을 두 손에 움켜쥐고 세상 구경 온 나에게 자연은 바로 우주이고 신이라고 말해 주는 듯했다. 결과가 없었기 때문일까, 돌아가시기 얼마 전 아버지는 즐거움에 파묻혀 편하게 살기만 하는 내게 흐지부지한 놈이라고 대놓고 나무라셨다. 목표를 너무 높게 잡아 주시고는 기다리고 기다리다 지루하여 짜증이 나신 것일까. 뭔가를 새로 시작하기에는 늦은 딸에게 용기를 주고 싶었던 아버지의 배려였을까. 늦게라도 정말 사임당같이 대성하리라고 기대하시진 않았겠지만. 야무지지 못하고 주위의 눈치나 보며 자기를 뚜렷이 세우지 못하는 딸이 무척 실망스러우셨나 보다.

아버지는 물리 교사였다. 외아들로 외롭게 자란 탓인지 자식들을 무척 사랑하셨다. 중학교 다닐 때 물상 문제를 풀다가 막히면 몇 번이고 아버지한테 가서 가르쳐달라고 했다. 아버지는 한번 설명해 주면 내가 다 터득해버린다며 매우 기뻐하셨다. 그때나 지금이나 칭찬에 약한 나는 나름 물상을 열심히 공부하여 언제나 반에서 제일 높은 점수를 받았다. 가르치는 학생들과 비교했을 때 아버지는 내가 자랑스러우셨던 것 같다. 물상 점수 덕분에 나는 아버지에게 총명한 자식이 됐다. 동생들에게 양보도 잘하는 나를 심지도 곧고 바른 자식이라고 칭찬하셨다. 고슴도치의 자식 사랑이었을 것이다.

6남매 중의 둘째 딸은 불쌍했다. 남동생을 셋이나 낳도록 터 팔아준 나는 자식들의 서열에서는 맨 뒤로 처졌다. 그래서 내 존재를 돋보이게 하려 착한 척해야만 했다. 한 번이라도 더 부모님의 관심을 얻기 위해 어린 나이에도 나를 버리면서까지 애썼던 것 같다. 존재감이 부족했던 나에게 맏며느리로 시집가서 큰소리치고 살라고 언니가 지나가는 듯 말했다. 머리에 꼭 박힌 이 말이 씨가 됐던 탓인지 후에 나는 장손 며느리가 되었다. 이런 나를 신사임당만큼이나 큰 사람이 되라고 목표를 잡아 놓으면 뭔가 좋은 결과가 있을 것이라고 아버지는 생각하셨나 보다. 아버지는 딸에게 우주 만물을 공부하게 하여 지혜롭게 살아가도록 포석을 깔아 주셨던 것 같다. 오히려 음양오행 공부를 하다가 먼저 포기를 배워버리고 힘들면 다 사주에 그런 원인이 들어 있기 때문이라고 넘어가 버리는 딸인 줄은 점치지 못하셨나 보다. 주어진 환경을 달갑게 여기고 뭐든 긍정하며 살아 보려는 딸을 아버지는 한심해하셨다. 역량 있게 낳아줬건만, 뭐든 도약하고 개척해 나가기를 바라셨건만 안주해버리는 딸이 기대에 어긋나 화가 나신 듯했다. 임팩트 있게 사는 기미가 없고 세월아, 네월아 하며 지내는 내가 한심하셨을까. 6남매 중에 홀로 내세울 이름이 없는 내가 아버지에게는 아픈 손가락이었나 보다.

주역 강의가 갑자기 폐강되는 바람에 갈 곳이 없어졌다. 같이 공부하던 회원이 '노후대책엔 이 공부밖에 없으니 글쓰기 반에 들어오라'는 조언을 해주었다. 뾰족한 대책도 없던 나에게 변화를 주고 싶었다. 그래, 난 노후대책이 필요해. 어디 한번 가보자. 엉겁결에 『한국 산문』에 따라 들어왔다. '첫 글로는 자기소개서를 쓰라'는 말씀에 뭘 쓰지, 도대체 난 누구지, 도통 감이 잡히질 않았다. 시간은 자꾸 지나가도 어떻게 나 자신을 표현할지 알 수가 없었다. 글 하나 써내지 않고서 뻔뻔하게 청송세미나에 참석하여 김주영 선생 옆에 앉아 방긋 웃으면서 사진도 찍고 사인까지 받았다. 대 작가님께서 '수필은 자기를 알아가는 것'이라고 짧게 말씀해 주셨다. 과연 앞으로 나를 어떻게 알아갈 것인가. 지금 여기서 나는 나를 어찌 보며 어떤 쪽으로 방향 잡아 나아가야 할까.

  나의 잠재력을 끄집어내어 내가 누구인가 표현하고 진정 나를 선명하게 알아낼 날이 오기는 할까. 언제나 무언가 배우고 쉼 없이 쫓아다니기는 했어도 머리에 남은 것은 아무것도 없다. 주먹구구식으로 살아온 나는 분명 흐지부지하다. 내 이름 석 자를 내세울 건더기라고는 없는데 아버지의 기대는 어디까지였을까. 딸의 깜냥을 처음부터 잘 알고 계셨으면서도 과한 욕심을 부리신 듯하다.

필요한 시기

　엄마가 생전에 사놓은 땅이 팔렸다. 형제들은 갑자기 생긴 돈을 가지고 이런저런 계획들을 세우면서 나에게도 뭘 할 거냐고 물어왔다. 난 뜬금없이 교복을 맞추어 입을까 한다고 말했다. 모두 어안이 벙벙한 표정을 지었다.
　헌 옷만 물려 입었던 심정을 그들이 어찌 알겠는가.
　나는 어렸을 때부터 두 살 위 언니의 옷을 물려받아 입었다. 중학교는 언니와 다른 학교에 다녔는데 교복 치마마저 언니 것을 물려 입어서 전교에서 나의 치마만 색이 달랐다. 단순히 다른 색 치마를 입고 다녔다는 이유 하나만으로 어린 내가 얼마나 자존심 상하고 주눅이 들었는지 엄마는 알지 못하셨을 것이다. 나는 미운 오리 새끼였다.
　몇몇 동네 사람들이 나에게 좋은 옷을 입혀 밖에 내보내면 남자들의 꾐에 빠져 팔자가 나빠질 것이라는 조언을 했다고 들었다. 남학생 한번 사귀어 보지 못했고 연애 한번 제대로 못 한 나를 두고 웬 동네 사람들이 할 일 없이 걱정들을 했을까.

모두가 염려했던 탓인지 첫선을 보자마자 나는 어린 나이에 시집을 갔다. 밖에만 나갔다 하면 꽁무니에 기웃거리는 남자들을 달고 온 탓이다. 아버지는 여러 차례 몽둥이를 들고 쏜살같이 튀어 나가시곤 했다. 그럴 즈음 중매로 나타난, 야무져 보이는 총각에게 아버지는 서둘러 시집을 보냈다. 교제 한번 해볼까 하는 사이 어른들은 날부터 잡았다. 똑똑한 사람에게 나를 맡겨 아버지의 의무를 빨리 벗어나고 싶어 그랬을까. 아버지의 성급한 결정에 어린 나는 지나치게 야무진 남편을 만나 혹독한 시집살이를 하게 되었다.

꽁무니에 달고 왔던 남자 중에 덜 야무진 사람으로 골라 시집을 갔더라면 설렁설렁 편하게 살지 않았을까. 사람들은 영화배우 김지미와 내가 많이 닮았다고들 했다. 또 다른 여배우 누구누구와도 닮았다고도 했다. 옷도 잘 입히고 기도 팡팡 살려줬다면 내 인생도 그녀들만큼은 아니더라도 화려하지 않았을까.

합격하기 어려운 전남여고에 들어가니 엄마가 새 교복을 맞춰 주셨다. 당시 아버지는 교사를 그만두고 광주에서 제일 번화한 거리였던 충장로에 양복점을 차렸다. 어느 날 밤도둑이 들어 가게를 왕창 털어가는 바람에 양복점이 문을 닫게 됐다. 가게를 정리하다가 교복 색과 같은 천을 발견한 엄마는 돈 받을 것이 있는 재단사에게 빚을 갚는 대신 내 교복을 만들어 달라고 부탁했다. 남자 양복을 만드는 사람이 여학생 교복을 처음 만들다 보니 서툴러선지 겨드랑이를 조이게 만들어 삼 년 내내 꽤나 불편해하면서 다녔다. 아마 여자는 가슴이 있다는 것을 깜빡 잊은 모양이다. 불만 한마디 없이 참았지만, 교복까지 그렇게 지어 입을 만큼 그 당시 우리 집이 곤란하지는 않았다. 왜 엄마는 그런 교복을 입혀 한창 크고 있는 딸의 기를 무참히 꺾어 버렸을까. 빠듯한 월급으로 육 남매를 키우느라 억척스럽게 생활하던 또순이 근성으로 그런 일쯤은 별것 아니라고 여기셨을 것이다. 번듯한 교복 한번 제대로 입어 보지 못한 것이 엄마가 돌아가신 지 20년이 지난 지금도 내 가슴을 아프게 한다. 교복 입을 시기는 한정되어 있다. 혼자서 다른 색 치마를 입고 쭈뼛거렸을 어린 내가 지금 생각해도 매우 안쓰럽다.

타임머신을 타고 그 시절로 가서 엄마가 남겨주신 돈으로 폼 나게 교복을 맞춰 입고 싶다. 베레모를 쓰고 잘록한 허리에 벨트를 맨 예쁘고 상큼한 여고생이 자신만만하게 길을 걷고 있다. 여학생은 도중에 상점 유리창을 쳐다보며 나르시스가 웃듯이 씩 웃을 것이다. 그 여고생의 뒤를 남학생들이 줄줄이 따라오고 있을까. 도도하게 못 본척하며 여고생은 우쭐거리려나. 그래서 남자들이 꼬여 팔자가 드세지려나. 거기엔 겨드랑이가 답답해 자꾸만 뒤로 몸을 젖히고 다니는 기죽은 여고생의 모습은 보이지 않을 것이다.

꼭 필요한 시기에 써줘야 하는 것이 돈이다. 모든 것에는 때가 있는 것을.

결혼 후 내 아이가 유치원에 들어가니 엄마는 다른 학부모들에게 기죽지 말라고 하시면서 옷을 사주셨다. 그 당시 화려한 색 옷으로 유명했던 설윤형 부티크로 날 데리고 가서
"제일 비싸고 예쁜 옷을 우리 딸에게 입혀주시오. 보시오, 내 딸이지만 얼마나 이쁘요!"
이렇게 자랑하면서 순간 고슴도치가 되어 비싼 원피스 한 벌과 실크 블라우스를 사주셨다. 이미 임자가 있으니 안심하고 예쁜 옷을 사주어도 되겠다는 마음이 드신 걸까. 옷 한번 제대로 사주지 못한 미안한 마음을 과장되게 표현하신 듯하다. 화려한 색이 어울리는 나는 그 후로 기가 살아났을까. 옷을 살 때 한꺼번에 많이 사는 습성은 결핍에서 오는 보상심리에서 그런 거라고 혼자서 변명 아닌 변명을 하곤 한다.
그날 엄마가 사주신 실크 블라우스는 사십 년이 넘은 지금도 장롱 구석에서 빛이 바랜 채 여태껏 웃고 있다.

돌아온 14킬로

봄에는 다이어트를 했다가 겨울에는 요요가 생겨 봄보다 더 많이 살이 찐다.

체질이 그러니 포기하고 그냥 살자고 맘먹었다가도 몸이 무거워져 힘들어지면 어떤 정보에 귀가 번쩍 뜨여 어느새 또 다이어트를 하고 있다. 아마 우리나라 매스컴에서 떠들어 대는 것은 거의 다 해보고 먹기도 했을 것이다.

새벽 4시가 되면 자다가 벌떡 일어나서 수지침을 맞으러 갔다. 가서 보면 나보다 훨씬 먼 곳에서 온 사람들이 벌써 커다란 방의 벽을 따라 빙 둘러앉아 있다. 두 시간쯤 기다리면 침 선생이 순서대로 똑같이 모두의 손바닥과 손등에 침을 백 개 이상 꽂아 준다. 갈증을 없애주고 배고프지 않게 하는 침이라고 했다. 선생은 물 먹으면 안 된다는 말과 함께 그날 각자의 체중을 사람들 앞에서 큰소리로 알려주었다. 그러면서 노트에 적어놓은 어제의 체중까지도 친절하게 알려준다. 다들 살이 많이 빠졌으면 부러워하고 안 빠졌으면 위로하는 눈길로 쳐다봤다. 새벽마다 보는 얼굴에 친밀감이 생겨 서로 안부도 묻고 드라마 이야기부터 정치비판까지 하니 아침마다 친구들을 만나는 듯 재미도 괜찮았다.

사흘까지는 물도 먹지 않고 침만 맞다가 나흘째에는 멀건 미음으로 보식을 시작하면서 침을 맞는다. 그 미음이 얼마나 맛있는지 경험해 보지 않은 사람은 상상도 하지 못할 것이다. 먹고 싶은 음식은 못 먹지만 살이 빠지는 즐거움에 다들 행복해하면서 아침을 명랑하게 맞이했다. 거기다 예쁜 탤런트나 아나운서들도 같이 기다리며 침을 맞았으니 우리들의 화제는 무궁무진했다.

그러나 몇 달이 지나자 침 맞으러 가기 전보다 몸무게는 더 늘어나 있었다. 우리와 함께 침을 맞았던 아나운서나 예쁜 탤런트들도 그 시점에 우리처럼 더 포동포동해져서는 텔레비전 속에서 웃고 있었다.

물만 먹으라는 곳도 있다. 인간은 뱃속에 모든 영양분을 비축해 두기에, 물만 먹어 주면 기초 대사량에 필요한 열량을 끌어 쓰기 때문에 저절로 살이 빠진다는 것이다. 운동은 자제하며 의사와 일주일에 두 번씩 상담하면서 진행했다. 자상하게 마음을 어루만져 주고 편안하게 해준 의사는 내 가슴 속에 숨겨 두었던 화도 알아차렸다. 그 화조차도 존중해 주면서 진정으로

1-평범한 일상 속 기적들

위로해주며 내 편을 들어 주었다. 이 세상에서 완전한 내 편을 만난 충족감에 신이 났고, 맞장구를 쳐주고 추임새까지 넣어주니 살맛이 났다. 주변 사람들은 모두가 자기 생각들을 앞세워 이러쿵저러쿵 사량思量을 하는데 이 의사는 내 마음을 온전히 받아주니 천군만마를 얻은 격이었다.

"다이어트도 몸과 마음이 같이 가는 거예요."

"식욕의 본능도 정신적인 안정감이 해소해 주지요."

"당분간 평소의 생활과 반대로 생활하세요."

나는 언제나 시간 약속을 잘 지켜 모임에 제일 먼저 가 있는 경우가 많았다.

"이제부터는 약속에 늦게 나가고, 싫다고 거절도 하시라고요."

좀 나쁜 사람이 되어 보라는 것이다. 고정관념으로 말미암아 꽉 들어찬 스트레스를 일단 정리해야 몸이 따라온다는 일리 있는 프로그램이었다. 기다려지는 상담 시간으로, 의사를 만나기 전에 체중을 재고 들어간다. 칭찬받고 위로도 받으며 신이 나서 열심히 임했다. 14kg이 사라졌다. 다 어디로 갔을까? 먹고 싶은 욕망을 참아낸 결과로 건강은 자연히 따라올 것 같았고 보너스로 옷맵시가 생겨서 마냥 행복했다. 의사 말대로 자존감이 높아진 듯했다.

프로그램이 끝나 밥을 먹기 시작하니 그 요상한 요요가 곧바로 돌아왔다. 여러 방법을 동원하여 덫을 놓아 봤지만, 여우 같은 요요는 잡지 못했다. 후유증만 여러 개 남아 병원에 가니 빈대 잡으려다 초가삼간 태울 뻔했다며 날씬한 여의사는 물만 먹었다는 사실에 어이없어했다. 힘들게 빼놓은 살은 허망하게도 몇 달 만에 제자리로 돌아와 버렸다.

다이어트란 이렇게 허와 실이 많다.

살이 빠지고 나면 몇 달 지나지 않아 몸 여기저기서 아우성을 친다. 식은땀이 나면서 감기에 걸린다든지 방광염에 걸려 항생제를 먹어야 하고 머리카락이 빠지거나 잇몸이 주저앉는 등 부작용이 말할 수 없이 많다. 담석증도 올 수 있다. 다시는 안 한다고 다짐하건만 또다시 몸이 피곤해지고 비실대면 다른 종류로 바꾸어서 다시 하게 되는 것이 이 다이어트다.

살이 찌면 몸이 무거워 눕고만 싶어진다. 그러면 살찌는 건 가속도가 붙는다. 혈당도 올라가고 심장에 무리가 오는 징조가 보인다. 관절도 심상치가 않다. 병원으로 달려가 보면 살 빼란다. 살은 적게 먹고 운동을 많이 해야 빠진다는 것이 정답이다.

그러나 절대 그것만이 답이 아니다. 살이 찌는 원인도 각각 다르고 빠지는 방법도 다 다르다. 오늘도 한번 나가면 영영 돌아오지 않기를 바라는 체지방을 향해 돌격 명령을 내리며 생애에서 마지막 다이어트라고 생각하면서 나름대로 전쟁을 치르는 중이다. 혹시나 이 방법만은 요요가 없겠지 하고 소망을 가지지만 혹시나가 역시나가 되지는 않을까.

그놈의 살! 한번 나갔으면 안 돌아와도 서운할 것 없는데 그대로 꽉꽉 채워서 어김없이 돌아와 내 코앞에 앉는구나.

모르고 지은 죄

인과응보라는 무서운 말이 있다. 죄를 지으면 반드시 벌을 받는다는, 원인이 있으면 그에 따른 결과가 꼭 따라온다는 말이다. 진심으로 뉘우치며 용서를 빌어도 소용없다고 한다. 하물며 다음 생에 태어나도 의식이 저장돼 있어 그만큼의 죗값은 생을 바꿔가면서까지 치러야 한다는 것이다.

자신이 죄를 짓는다는 것을 알면서 지은 죄가 클까, 자신도 모른 채 짓는 죄가 더 클까. 알면서 짓는 죄가 당연히 클 것이라고 생각하는데 부처님은 모르는 죄가 더 크다고 하셨다. 어째서일까.

모르고 지은 죄의 원인을 그리스의 작가 소포클레스의 비극 『오이디푸스』에서는 하마르티아Hamartia라고 했다. 비극을 부르는 성격적 결함을 지칭하는 그리스어다. 왜 모르고 지은 죄가 더 무서운 걸까.

한동안 명상 수련을 한 적이 있다. 어느 날 선생이 설악산 봉정암에 오르자고 했다. 그곳에 세 번만 오르면 소원이 이루어진다나. 등산을 싫어하는 나는 안 간다고 했다. 선생이 기를 넣어주면 누구나 쉽게 갈 수 있으니 걱정 말고 가자는 권유에 망설이다 산에 올랐다.

신기하게도 힘들지 않게 올라갔다. 봉정암에는 진신사리가 있으므로 불상은 보이지 않았다. 대신 창밖에 사리탑이 있었다. 선생은 사리탑을 향해 결가부좌를 하고서 어렸을 때부터 기억나는 모든 것을 끌어내어 참회 명상을 하라고 했다.

어릴 때의 모습과 주변을 떠올리니 즐거워지고 그리워지기도 했다. 그런데, 앗! 어린 내가 벽장 속 동전을 모아 둔 바구니에서 동전 하나를 꺼내는 것이 보인다. 다음날도 꺼내고 있다. 몰래 꺼낸 동전으로 가게에 가서 아마 사탕이라는 사탕을 사 먹고 있다. 콧물을 흘리고 있는 나는 내일도 사탕 사 먹을 생각에 신이 난 듯하다. 이때부터 저절로 눈물이 흐르기 시작한 것은 어째서일까. 눈물로 참회를 시작하는 것일까. 이것이 인과가 되어 어떠한 벌이 나에게 떨어졌을까. 학교 갈 나이도 되지 않은 어린 시절 나는 나쁜 짓을 하고 있다고 느끼면서 엄마 돈을 훔쳤던 것인가. 아무것도 모르고 돈을 가져갔다고 말할 수 있을까.

멀미 때문에 육지에 자손을 보러 가지 못하는 할머니를 즐겁게 해드리기 위해 나는 국민학교 3학년 때 제주에 홀로 보내졌다. 가족 모두에게서 제외되는 것 같아 어린 마음에도 쓸쓸

했던 기억이다. 늙으신 할머니께 기쁨을 드리려는 아버지의 효심에서 나온 생각이었다. 2년간 할머니와 같이 살 때는 공주가 부럽지 않았다. 할머니는 내 말이라면 뭐든 다 들어 주셨다. 세상이 나 하나를 위해 존재한다는 생각을 할머니는 하시는 듯했다.

그 집에는 개가 한 마리 있었다. 학교 갔다 오면 그 개와 뛰어다니며 놀았다. 개는 나를 졸졸 따라다니며 호위무사처럼 나를 지켜 주었다. 어느 날 학교 갔다 오는데 낯선 아저씨들이 우리 개를 끌고 가고 있었다.

"무사, 우리 개 끌어 감수광? 줍서(왜 우리 개를 데려갑니까? 주세요)!"

"니네 할망신디 샀져, 이젠 우리 개여(너희 할머니께 샀다. 이젠 우리 개다)."

개는 맹렬히 꼬리를 흔들며 나에게 오려고 애쓰면서 애절한 눈빛으로 눈물을 펑펑 쏟고 있었다. 나에게 살려 달라고 애원하고 있었던 것 같다. 내가 사정했으면 할머니는 필시 개를 개장수에게 팔지 않았을 것이다. 늙어가니 더 있으면 개가 귀찮아진다며 팔라고 그들이 조르니 나 없을 때 팔아버린 것 같다. 명상하면서 알았다. 그들은 개를 데리고 가서 보신탕집에 넘겨 버린 듯했다. 아무리 어렸어도 한 생명을 구해줄 수 있는 처지였는데도 행동하지 않았다. 아니, 미처 그런 생각까진 하지 못했다. 그냥 개가 울며 끌려가는 모습이 어른이 됐어도 잊히지 않

1-평범한 일상 속 기적들

고 가끔 생각났을 뿐이다. 그 죄로 인해 나중에 송아지만 한 성난 개에 물려 내 배 속의 아이가 유산됐을 것 같은 인과에 소스라치게 놀랐다. 출산한 개가 지나가던 나에게 달려들어 물어버렸을 때의 핏발 선 눈이 몹시도 무서웠다. 슬피 울며 애원하던 개를 모르는 척한 죄, 어렸을 때 지었던, 나도 몰랐던 죄가 내 아이의 생명을 지키지 못한 어미의 업보로 돌아왔구나 싶어 가슴이 미어져 왔다.

우리가 대학 다닐 때는 일 년에 한 번씩 대강당에 모여 중앙정보부에서 내려온 공무원에게 반공 교육을 받았다. 단상에 어떤 이가 올라 강연을 시작하려는데 뒤쪽에서 누군가가 큰소리로 외쳤다.

"김일성 만세!"

다들 깜짝 놀라 웅성거리며 저렇게 큰일을 저지른 사람이 누구일까 하고 걱정을 했다. 그 당시에는 그와 같은 소리를 하는 사람은 인생이 끝장났기 때문이다. 그것도 대강당에서 교육하러 온 정보부원 앞에서 그런 말을 했으니 보통 큰일이 아니었다.

경찰들이 들이닥쳤고 멀리서 보니 누군가가 잡혀가고 있었다. 같은 과에 다니는 예쁘장하고 우스운 소리를 잘하는 남학생이었다. 심문을 받으면서 공산주의에는 관심도 없다고 했단다. 같은 과에 다니는 여학생이 만나주지도 않고 여러 차례 마음을 전했어도 반응하지 않자 동정이라도 사자는 단순한 마음에서 그랬다고 진술했다고 했다. 그는 곧 몇 년 징역형을 받고 수감되었다.

그는 네 명의 누나가 있는 집에 막내로 태어난 고명 아들이다. 집안에서 그가 어떤 존재였는지는 말하지 않아도 알 것이다. 그의 누나들이 괴로워하는 동생을 보다 못해 여학생에게 찾아와서 한 번만이라도 동생을 만나 이야기라도 들어 달라고 사정한 일도 있었다. 그대로 두면 큰일을 저지르겠다는 낌새를 알아차렸나 보다. 여학생은 깊이 생각도 하지 않고 만나기 싫다고 딱 잘라 말했다. 사건이 터지고 수감된 그를 보는 가족들의 마음은 어땠을까. 그 후 그들의 삶은 얼마나 괴로웠을까. 또한 그 여학생이 얼마나 미웠을까.

과 대표는 우리 과에서 한 사람도 빠짐없이 그가 갇혀 있는 교도소에 면회하러 가자고 했다. 그가 나를 꼭 데리고 오라고 신신당부했다면서 과 대표는 나를 앞장세웠다. 맨 뒤에 서 있는 나만 쳐다보는 시선에 딴 곳만 쳐다보다 얼른 돌아왔다. 내 마음에 그가 없어서 그랬는데 이것이 모르고 지은 나의 큰 죄였다. 남의 마음을 알려고 하지 않고 모르는 척해 한 사람의 인생에 빨간 줄을 긋게 한 것도 나였고, 엷은 미소라도 지어주며 잘 지내라고 위로해 줄 수도 있었는데 그마저도 인색했던, 좁아터진 소갈머리의 소유자도 나였다. 일부러 그런 것도 아니고 내

탓도 아니라며 그동안 잊고 살았는데 왜, 그것이 나의 무의식에 꼭꼭 숨어 있다가 참회 명상에 나타났을까.

당시만 해도 사랑이라고는 해보지 못했고, 알랭 들롱 같은 멋진 남자가 어디선가 곧 나타날 것만 같아 혼자 꿈을 꾸고 있었다고 할까. 아버지의 보호와 관찰로 정신적으로 성장이 좀 늦된 탓이었나. 나는 사랑과 고뇌가 무엇인지 몰랐던, 철딱서니 없는 사람이었다. 내가 누나들의 부탁을 내치지만 않았어도 그가 그렇게 격앙해서 큰일을 저지르지는 않았을 것 같다.

남의 마음을 헤아리는 사랑이 부족하고 측은지심마저 없었던 영혼이 이제야 참회를 한다. 이런 참회를 이 시점에 해야 하는 인과는 무엇 때문일까.

몇 년 후 그가 아버지를 찾아와 내 안부를 묻고 잘 살아주기를 간절히 바란다고 했단다. 자기의 영원한 여인상이라고 하며 그 후에도 자주 들러 안부를 물었다 했다.

그와 나는 어떤 인과로 엮인 인연이었을까. 소중한 젊은 날을 망쳐버린 헝클어진 인연인데도 나를 끝까지 축복한 사람이니 삶에서 그는 자유와 행복을 찾았을 것 같다. 이렇게 생각해 보는 것도 그가 그렇게 살았으면 하는 바람에서다. 내 주위를 빙빙 돌면서 눈도 마주치지 못하던 귀공자 같던 모습이 눈앞을 스쳐 지나간다. 다시 보진 못했지만 늦게나마 나도 그를 고맙다며 축원하고 있었다.

살아오면서 나는 최선을 다한다고 했는데, 가족들은 내 진심을 몰라주고 구설에 올리고 지적을 해댔다. 이런 설움을 당할 땐 이 인과에 의한 업이 아니었을까 하고 가만히 나를 들여다본다.

신기한 것은 세 시간가량 그동안 살아온 내 인생을 돌이켜보며 눈물을 줄줄 흘렸는데도 눈이 붓지 않고 고슬고슬했다는 것이다. 결가부좌를 하고 앉았는데도 다리가 아프지 않았다. 몸과 마음이 아니라 영혼이 울었나. 참회를 제대로 한 것일까.

사리탑을 지나 허공엔 은빛으로 공空자가 굵고 크게 쓰여 있었다. 마음으로 보는 눈을 가지라는 소리도 들리는 듯했다.

종부가 뿔났다

맏며느리는 하늘에서 내린다고 한다. 오죽하면 하늘까지 들먹이며 옛날 사람들은 맏며느리를 치켜세웠을까.

지금쯤은 파김치가 되어 멍순이가 돼 있을 시간인데 이 종부는 혼자서 강원도 산속의 아늑한 방에 누워 있다. 4대 봉사를 했기에 제사를 일 년에 열네 번도 지냈다. 종갓집이라서 그런가 보다 생각하며 늘 긴장하며 살아왔다. 7남매의 장손이라 서울에 사는 사촌누이들까지 불러 먹이고 제사 음식을 음복하라며 싸줘야 하니 어린 종부로서는 너무 힘든 일이었다. 한번 모이면 서른 명이 넘을 때가 많았다. 모두를 편안하게 모셔야 하고 섭섭하지 않게 돌봐야 하니 보통 신경 쓰이는 것이 아니었다. 일주일 전부터 빠짐없이 안부를 물으며 초대해야 하고 김치를 담그며 장보기를 시작한다. 처음엔 아이를 등에 업고 나 혼자 그 일을 다 했다.

아플 땐 진통제를 먹어가며 일을 했다. 착한 시누이들이 마지막엔 설거지를 도와줬다. 그들이 가고 나면 친정에 온 동생들이 편하게 머물다 가게 하지 꼭 일을 시켜야 하느냐고 남편은 못마땅해했다. 맏며느리니까 당연히 혼자서 빈틈없이 해야 한단다.

종부는 그 집에 큰 죄를 지어 벌 받기 위해 오는 걸까. 스물둘에 시집와서 스물여섯부터 제사를 받들며 살다 보니 어언 40여 년이 흘러갔다. 그러면서 나는 많이 변해버린 것 같다. 의기소침해지고, 눈치꾸러기가 되고, 어디서 흠이 잡힐까 전전긍긍하면서 살았다.

늙어가니 제사가 다가오면 언제부터인지 몸에 이상이 온다. 마음도 화내기 시작한다. 갖은 병들이 서로 시샘하면서 나타나 기진맥진이다. 전에는 고통스러워도 참고 지냈는데 이제는 협심증까지 나서서 숨 쉬는 것조차 위협한다. 이러다 죽을 것 같다. 내가 죽으면 다 끝인데 왜 해마다 이러고 살아야만 할까. 남편에게 제사 휴가를 청했다. 몇 년 전부터 사정했으나 이 핑계 저 핑계 대던 남편도 심각성을 느낀 모양이다.

모든 시집 식구들이 다 오는, 다른 날도 아닌 제삿날에 이렇게 겁도 없이 나는 왜 여기까지 와 편하게 누워 있을까. 가만히 지나온 세월을 거슬러 회상해 본다.

일이 싫은 것이 아니었다.

"좀 쉬면서 하세나."

"힘들었지?"

"고맙다."

"수고 많았어요."

끝내 시어머니는 그 쉬운 말 한마디를 안 해주고 가셨다.

시어머니와 남편은 왜 그 말을 안 했을까. 칭찬하고 위로해주면 내가 기가 살아 잘난 척할까 봐 두려웠을까. 아니면 노상 엄살을 피울 것 같아 아예 모른 척했을지도 모른다. 어린 종부의 기를 좀 살려주고 보듬어 주었으면 얼마나 좋았을까. 당연히 종부로 들어왔으면 죽기 살기로 임무를 완수해야지 무슨 생색을 내느냐고 생각한 걸까. 튼실한 맏며느리로 자격을 갖추기를 바라며 집안의 기둥으로 만들려는 그들 나름의 훈련이었을지도 모른다.

어머니와 형제들은 내 눈치를 봐선 안 된다고 했다. 반면 맏며느리는 마땅히 다른 식구들 눈치를 봐야 한다고 했다. 조선시대 이야기인가. 안동김씨 종부들은 당연히 그래야 한다는, 오랫동안 내려온 전통인가. 끝까지 참고 이겨내야 한다며 참아냈던 것은 대책 없는 무모함이었나. 남편은 제삿날이면 어머니나 형제들에겐 더없이 좋은 아들이요 좋은 형제처럼 사근사근하게 굴었으나 나에겐 무서운 헐크처럼 굴었다. 처음엔 경험도 없고 몹시도 서툴렀을 것이다. 제사는 온 정성을 다해 모셔야 한다고 배웠다. 싫은 소리를 듣기 싫어서도 능력 이상으로 정성 들여 제사에 임했다. 전도 일곱 가지, 생선도 일곱 종류로, 떡은 몇 말, 고기도 잔뜩 장만한다. 제삿밥 드신 조상님은 말씀이 없으시고, 시어머니와 남편은 어디 한 가지라도 미흡하면 놓치는 법이 없었다. 일은 생각지도 못한 곳에서 터진다. 긴장과 두려움. 권리는 없고 의무만 있는 종부라는 이름, 이날까지 살아온 세월을 뒤돌아보니 내 인생은 오로지 제사 지내는 일에 묻혀버린 듯하다.

정작 지금은 어르신들이 돌아가셔서 제사를 많이 줄여 힘들지 않다. 아들과 며느리 그리고 남편까지도 일을 도와 아무 어려움이 없다. 몸과 마음이 힘들지 않고 부모님 제사만 지내면 되는데 왜 나는 굳이 이 시점에 여기까지 와 힐링을 하고 싶은 걸까. 그동안 너무 지쳤나 보다. 필요 이상으로, 능력보다 잘 해내려고 발버둥 치다가 과부하 걸려 방전돼버린 것 같다. 많이 애썼던 나를, 그래서 버거웠던 나를, 도닥도닥 스스로 위로해 주고 싶은가 보다. 묵묵히 인내하며 방긋방긋 웃던 사람이지만 사실 몹시 힘들었다는 것을 식구들에게도 표현하고 싶었던 것 같다.

아마 트라우마가 되어버린 제사를 잠시 외면하고 자유를 구가하고 싶었던 일종의 반란이리라.

조상을 잘 섬기면 자손들을 좋게 보아주셔서 잘되게 해주신다고 보는 듯하다. 자손들을 잘 지켜 주실 것이라는 믿음이리라. 기복적인 믿음일지라도 목적은 더할 나위 없이 좋다. 우리 집에 모여 어렸을 적 추억들을 더듬으며 즐거워하는 모습들을 보면 그들의 추억을 모르는 나도 재미있다. 한 사람이 수고

하여 여러 사람을 즐겁게 해준다는 의미에서 사람들을 좋아하는 나나 모든 종친을 돌보고 싶어 하는 남편이나 목적은 같을 것이다. 이런 전통문화의 장점은 더없이 좋은 우애와 덕, 그리고 사랑이라고 본다. 그러나 한 인생이 보지도 못했던 조상들 때문에, 허울에, 관습에 병들고 슬프다면 이건 악습이다. 이 점이 아쉬운 것이다. 목적은 더할 수 없이 좋으나 명분에 가려 종부를 소홀히 대하니 마침내 순둥이 종부가 뿔이 났다.

조상을 섬기는 관습이 가정평화보다도 비중이 크고 가족의 행복보다 앞선다면 폐습이라고 본다. 한 번 사는 현재의 삶이 무엇보다도 중요하다고 생각한다. 대대손손 내려오는 가정의 뿌리 깊은 관습을 바꾸기란 쉽지 않을 것이다. 그러나 종부도 남의 집 귀한 딸이었고 자아가 있는 인격이지 빚쟁이가 아니지 않은가. 시어머니를 비롯해 더 윗대의 종부들은 더 힘들었을 것 같다. 힘들다 소리 한번 못하고 인내하다 그녀들은 다 사라져 갔을 것이다. 힘들었던 만큼 시어머니들은 며느리들에게 보상이나 받자는 인습으로 종부들을 이끌지는 않았는지.

지금은 시대가 바뀌었다. 이런 관습을 지키는 것은 우리 세대가 마지막이리라. 요즘은 제사를 아예 지내지도 않는다. 심지어 오로지 제사 문제 때문에 기독교로 개종한다고도 한다. 제사상에 절을 할 수 없다고 끝까지 버티는 며느리도 있어 부모와 숫제 의절하는 사람도 있다. 나무도 뿌리가 단단해야 잘 크며 꽃도 피우고 풍성한 잎들을 키운다. 사람 역시 조상들의 근본과 근원을 좇아 삶을 지속시키는 것 아닐까. 우리 세대처럼은 아니더라도 어디서 왔고 어디로 가는 길목에 서 있는지는 자각하면서 살아야 한다고 본다. 요새는 부담스러운 관습들을 편하게 고쳐가면서 산다. 효심을 으뜸으로 쳤던 조상들이 만들었고 지금까지 지내왔다면 제사를 아예 없애지는 말았으면 한다. 시대에 맞춰 조촐하면서 편하게 지내면 좋겠다.

엄마의 일생을 본 아들도 제사가 다가오면 사뭇 긴장된다고 한다. 그의 세대는 일단 환경이 간소하니 쉬울 것 같다. 며느리와 의견을 맞추어 가면서 지혜롭게 잘 알아서 할 것 같다. 우리가 죽고 난 후의 일은 자식들의 일이니 제사를 안 지낸다 한들 죽은 우리가 어쩌겠는가.

그동안 많이 외로웠던 종부를 세월이 포근히 안아준다. 창밖의 크고 작은 별들이 지친 종부의 귓가에 조용히 자장가를 불러준다.

슬리퍼

『가야산으로의 7일간의 초대』(권기헌 작)를 읽은 남편이 가야산엘 7일 만에 다녀와서, "수련은 당신이 해야 할 것 같아." 한다.

그러면서 싸 가지고 갔던 자기 슬리퍼를 내줬다. 일주일 만에 깨달음을 얻었다는 교수의 책을 읽고 몹시 궁금해하던 나도 냉큼 그 슬리퍼를 받아 들고 곧바로 가야산으로 내려갔다.

『가야산으로의 7일간의 초대』는 하버드 대학에서 정책학박사 학위를 받은 수재 교수가 가야산에 있는 '마음 수련'이라는 명상하는 곳에 다녀와서 쓴 책이다. 외면적으로는 대단한 성공을 거두었지만 "진정한 내면의 나"에 대한 갈증을 느끼던 중 마음수련을 만나 본래의 "더 큰 나"로 깨우침을 얻었다는 내용이다. 깨우침이란 개체의식을 없애고 전체의식인 참마음으로 거듭나 진리의 세계에 도달하는 것이라고 했다. 책에서는 우주 속에 자기가 있고 자기 속에 우주가 있다면서, 우주와 합일하는 수련의 과정을 소개해 줬다. 작가는 남은 생을 영혼에 부응하며 살고 싶다는 욕망이 남보다 강한 사람인 듯했다. 이제까지 외형에서 성공을 거두었듯이 내면의 깨침도 정성과 일심으로 전력투구해서 남들보다 빨리 결과를 얻어 낸 것 같았다.

그곳에 도착하니 개량 한복을 내주며 가지고 간 것은 다 맡기고 슬리퍼만 사용하라고 했다. 그곳에서는 작은 독방에서 벽을 보고 앉아 알려주는 방식에 의해 참 나를 찾기 위한 수련을 한다. 예전부터 스님들이 하셨던 면벽 수련 과정을 현대식으로 단축한 프로그램이다. 강사들이 과학적이고 조직적인 방법으로 중턱까지는 데려다주고 거기서부터는 자신이 깨달음을 향해 정상으로 나아가야 했다. 어떤 방법을 쓰든지 깨달음만 얻으면 되는 것 아닐까.

그런데 무엇을 깨달아야 하는가.

본래의 진아眞我가 내 속에 분명히 존재함을 깨우친다는 것이다. 이제껏 살면서 관습과 관념에 덧씌워져 보이지 않는 원래의 나를 찾아내는 작업을 하는 것이다. 그것이 바로 누구에게든지 다 있는 신성이다. 에고를 벗으면 순수한 본성과 만나게 되어 한없이 편안해지고 모든 오욕과 칠정이 사라진다고 강사들은 설명했다. 깨달으면 번뇌 망상이 끊어지고 대 자유와 참 지혜를 얻게 된다는 것이다. 이렇게 멋있는 공부가 과연 있을까.

첫 한 주일은 묵언 수련을 했다. 본성의 존재를 안다는 지성 知性 과정으로 지금까지 살아온 허상의 삶을 스스로 정리하고 전체의식으로 가는 길을 찾는 과정이라고 했다. 말없이 혼자서 해야 하는 외롭고 막막한 수련이다. 오로지 나만을 탐구하고 나의 영혼을 찾아 분노나 슬픔, 사랑 같은 모든 감정을 정리 정돈한 다음 저 우주 끝에다 버리는 작업을 한다. 그 과정에서 발광하고 울고 웃기도 하며 펄쩍펄쩍 뛰기도 했다. 한 평쯤 되는 독방에서 개인 수련을 그렇게 처절하게 하고 큰 강당에서는 프로그램대로 단체 수련을 했다. 강사들의 체계적인 강의에 점점 빨려 들어갔다. 우리는 금방이라도 우주 꼭대기에 앉아 모든 사물을 한 눈으로도 볼 수 있을 것만 같았다. 곧 깨달음을 얻을 것 같다는 마음에 묵언 속에서도 모두의 눈은 반짝였다.

이제껏 살아온 모든 것을 끄집어내어 인과를 사유하여 뒤집어 보고 발로 차기도 하면서 홀로 격렬한 씨름을 했다. 뚜렷한 의식 속에서 모든 것을 버려 보자 하니 평소에 집착했던 사람과 사물 들이 나를 괴롭혔다. 인식하지 못했던 나의 잘못들도 표면으로 튀어나와 깜짝 놀라곤 했다. 내 속에 선과 악이 앙립하여 서로 싸우다 타협도 하며 용서하는 과정을 일주일 내내 진행했다. 자다 보면 꿈에서도 하고 있었다. 무의식을 끄집어내 의식 속에서 다듬고 둥글려서 재발견하는 과정을 밟는 것이다. 이틀째 큰 강당에서 명상을 이어가는데 눈물이 쏟아지기 시작했다. 우는 이유를 울고 있는 나도 전혀 몰랐다. 젊은 아가씨 한 사람도 나를 따라 서럽게 울고 있었다. 아마 그 아가씨와 나는 칠정 중에서 슬픔을 가장 먼저 해결해야 할 필요가 있었나 보다.

결가부좌를 하고 허리를 세우고 앉으면 마음이 한없이 편안해진다. 우주에서 강하고 맑은 기운이 내 백회를 뚫고 들어와 온몸을 휘도는 것 같았다. 닷새째 되는 날 점심을 먹고 명상하려고 큰 강당에 앉았다. 까마득히 멀리서 나는 소리인 듯 사람들의 웅성거림에 눈을 살며시 떠보니 저녁 강좌를 듣기 위해 도반들이 자리를 잡는 중이었다. 나는 점심 먹고 앉은 상태에서 일곱 시간을 결가부좌 한 그대로 미동도 하지 않고 있었다. 나는 아주 편안했고 찰나였다는 기억뿐이다.
그때 무엇을 하고 있었는지, 내 혼이 어디를 갔다 왔는지 아직도 알 수가 없다. 내공이 있는 스님들처럼 앉아서 잤을까. 손가락 하나 흐트러짐 없이 그 시간에 나는 도대체 무얼 한 걸까. 그 교수처럼 나도 닷새 만에 깨달음의 경지로 들어갔다는 환희에 가슴이 쿵쿵 뛰었다. 한걸음에 지도자에게 달려가 호들갑을 떨었다. 그는 조용히 듣고 있다가 포도 한 송이를 주며 저녁 시간을 놓쳐 배고플 테니 먹으라고 했다. 아무것도 아니라는 듯 그것마저 그냥 보라고 했다. 무얼 보느냐는 나에게 그저 관觀하라고만 했다. 보는 것은 무엇이며 관觀은 도대체 무엇일까.

뜻도 알지 못하던 진공묘유眞空妙有를 알아낸 듯 벅차서 잠까지 설쳤다. 진정으로 공空한 속에 묘한 기운이 생겨 만물이 묘하게 생겨나는 것처럼. 없는 듯 있고 있는 듯 없는 마음과 기가 인과를 만들어 낸다고 한다. 불생불멸 속에 인과응보라는 법칙이 있다고 설명들을 했지만, 그 말을 이해하지는 못했다. 커다란 우주공간에 나라는 개체가 똬리를 틀고 앉아 시공간을 초월했다고 '우! 하! 하!' 하고 손오공같이 우쭐댔다.

다음은 입성인入性人 과정이다. 우주와 합일하여 형상이 끊어지며 너와 나의 분별이 없어져 안팎이 하나 됨을 알게 되는 과정이다. 다음 단계로 올라갈 때마다 인가를 받아야 했고 선문답했다. 생사일여를 깨친다는 전인全人 과정에선 몸의 세포 속까지 배어 있는 관습을 닦아내는 작업을 했다. 자신에게 몰두하고 객관화시키고 내가 우주가 된 듯하니 어찌 황홀하지 않겠는가.

그 과정들을 맹렬히 거치다 보니 시간 가는 것도 의식하지 못했다.

내 머리의 뚜껑을 열고 꽉 차 있던 것들을 다 쏟아버렸다고 생각했고 나름 진리를 터득한 듯하여 일주일만 갔다 오라는 명을 어기고 두 달 반 만에 집에 돌아왔다. 수련에 보내놓으면 더 고분고분하고 더 착해질 줄 알았을까. 막상 거기 갔다 와서는 싫으면 딱 잘라 안 한다고 말했다. 좀 똑똑해졌다. 거절도 못하던 사람이 눈을 둥그렇게 뜨고서 나를 내세우기 시작한 것이다. 맹목적이었던 나는 명료해지고 단호해졌다. 명령을 좋아하던 사람과 고분고분한 사람과의 관계에 이상이 생긴 것이다. 두 달 반 동안 의식에서 무의식까지 맴돌다 온 나는 옆 사람이 느끼는 속세의 감정 따윈 아랑곳하지 않았으니 수련하라고 보냈던 남자는 일생일대의 후회를 했을 것이다.

거기엔 신부, 수녀, 스님, 목사도 있었다. 가정주부도 있었고 갖가지 직업을 가진 남녀노소 몇 백 명이 모여 있었다. 각계각층의 사람들이 내면의 아우성을 견디지 못해 그곳을 찾은 것 같았다. 갖가지 사연을 갖고서 마지막 구원의 장소라고 여기며 모인 사람들이었다. 어떤 종교를 가졌든 깨달음에 대한 욕망은 누구에게나 있는 모양이었다.

거기서 수련했던 많은 사람이 평소의 자신과 180도 달라져서 돌아가는 경우가 많았다. 이혼하려고 생각했던 사람들은 상대가 아닌 자신에게서 문제를 발견하고 상대방과 관계가 좋아졌다고 했다. 반면 잘살고 있던 사람들은 수련 후 이혼하는 경우가 많았다.

난 호스트바를 운영했다는 젊은 여사장과 가장 친하게 지냈다. 산전수전을 다 겪다 보니 심신이 피곤하여 모든 것을 버리고 도나 찾아보려고 왔다는 것이다. 애인이 둘 있었는데 속궁합이 맞는 사랑하는 사람에게 남은 재산을 다 줘버리고, 자기를 좋아하고 말 잘 듣는 연하의 남자를 데리고 수련하러 왔다. 그녀야말로 다 버리고 왔으니 이미 도인의 경지에 들어선 것 아니겠는가. 화끈하고 예쁘기도 하며 리더십이 있어 수련생들이 그녀 곁으로 모여들었다. 그녀는 자기의 삶과 반대로 조용히 살았던 나를 편하게 여겼던 것 같다. 나를 언니로 먼저 챙기니 내가 많은 무리를 몰고 다니는 형국이 됐다. 공부와 수련 시간을 빼면 우리는 근처의 들로 나가 슬리퍼에 흙을 잔뜩 묻히며 이리저리 돌아다니면서 도담道談을 즐겼다. 각계각층의 사람들이 만나 하나가 된 듯 서로의 지난 삶들을 위로해주며 희망을 가꾸어 갔다. 숨기는 것이 없고 솔직하게 자기를 다 털어놓아 고민하며 답을 갈구했다. 하나가 되어 마치 불국토를 이루고 홍익인간의 경지에 이른 것처럼 착각하며 흠뻑 감격에 겨워 흥분하기도 했다.

마지막 완성 단계를 개강하는 첫날, 강당에 앉아 있던 나는 갑자기 여기가 끝이라는 생각이 들었다. 이 단계가 지나면 확철대오廓徹大悟를 이룰 것이라는 거대한 꿈을 꾸는 도반들을 빙 둘러보다가 이유도 없이 자리를 털고 일어나 나왔다. 내 속에 있는 똑똑한 내가 여기까지가 나의 한계라며 나를 조용히 일으켜 세운 것 아닐까. 이상한 것은 몰려다니던 무리가 모두 나를 따라 퇴소했다는 것이다. 나는 갈 때와 같이 올 때도 홀연히 와 버렸다.

한동안은 도인처럼 편안하게 오욕칠정을 다 버린 듯 살았다. 멍하니, 그렇지만 명료하게 생각하고 객관적인 사고를 펴나가면서 주위에 흔들리지 않고 살았다. 마음의 거리낌 없이 바로바로 답이 나오는 대로 무심하게 살았다. 지금은 수련하지 않으니, 업業과 습習을 또다시 하나씩 끌어 모아 옆에 차곡차곡 쌓아가고 있다고 느껴진다.

완성 단계를 마쳤다면 나는 지금쯤 어떻게 변해 있었을까. 깨달았다는 그 교수는 지금쯤 어떤 모습으로 어떻게 살고 있을까. 아마 정도正道를 걸으며 전체의식으로 모두의 이익을 위하며 정진하고 있을 것 같다. 번뇌가 소멸하여 질병 없는 편안함을 만끽할 것 같기도 하다.

순간순간 변하는 마음을 수련함에는 끝이 없을 것이다. 끝없는 도를 찾으며 유일한 준비물인 슬리퍼 하나로 무소유와 평등함을 인식했다. 꾸미지도 않고 우쭐거림도 없는 그곳에서 느리게 터벅터벅 도를 닦던 그때가 나에게는 무엇보다 소중한 추억으로 남았다.

아직도 현관에 있는, 진남색 바탕 위에 하얀 줄 세 개가 쳐진 슬리퍼를 볼 때면 저걸 들고 다시 한번 가서 마저 깨닫고 올까 하고 조용히 웃어본다.

신념의 매력

얼굴은 멀쩡한데 앞니 두 개를 백금으로 덮은 청년이 어느 날 나를 보러 집에 왔다. 몹시 추운 날 친구랑 아랫목에서 수다를 떨던 중이었다. 그 집 큰어머니가 내가 집에 있다는 정보를 듣고 청년을 데리고 나를 선보러 온 것이다. 큰어머니는 안방으로 들어가고 청년은 내 방으로 들여보냈다. 윗목은 냉방이었다. 아랫목에 앉아 있던 우리가 윗목에 앉은 총각에게 추우니 이쪽으로 오라 했다.

"네, 몹시 춥군요."

그냥 해본 소린데 그는 일어나 성큼성큼 다가오더니 우리가 덮고 있던 이불 속으로 발을 들여놓고 앉았다. 다시 나가라는 소리도 못 하고 친구랑 서로 쿡쿡 찌르며 웃을 수밖에 없었다.

그 후로 길을 텄다고 생각했는지 수시로 우리 집을 드나들었다. 서울에서 취직 인사차 큰집이 있는 광주에 들렀다가 갑자기 선을 보게 된 청년은 큰어머니 집에서 기거하며 나를 만나러 다녔다. 내가 피아노 치러 가면 그 집 앞에서 기다리기도 하고,

학교에 가느라 내가 없을 때도 와서 동생에게 내 앨범을 보여 달라 조르고는 내 독사진 한 장을 빼갔다. 그 자리에는 신사복을 단정히 입은 자기 사진을 끼워놓고 갔다.

몇 번의 만남 후 그가 "이 책 한번 읽어 보시겠어요?" 하며 클라우드 M. 브리스틀의 『신념의 마력』이란 책을 가져왔다. 제목이 멋있었고, 첫 선물로 책을 주니 신선했다. 그 책의 저자는 의식으로 상상하고 사고하여 잠재의식에 넘기면 위대한 에너지가 생긴다고 주장했다. 그 에너지에는 실현하는 힘이 있다고 했다. 생각으로 다듬은 의식이 잠재의식에서 요리되어 다시 의식의 표면으로 되돌아오는데 그것이 신념으로 숙성한다는 것이다. 이렇게 숙성된 강한 신념은 실천 행동의 토대가 되어 성공의 열쇠가 된다는 게 책의 요점이었다. 결국은 자신을 믿는 것이 최선이요 믿음대로 모든 것이 이루어진다는 내용이었다. 남자는 이 책에 매료된 듯 자신만만하게 말했다.
"이 책에서처럼 나를 믿으면 모든 것이 순조로울 것이며 평생 행복할 거요. 나, 무조건 믿어 봐요. 믿지요?"
자기가 신도 아니면서 무턱대고 자기를 믿으라고 했다.

아버지는 그가 똑똑해 보이고 그의 말처럼 신념이 있어 아주 잘 살 것 같다며 만족해하시는 눈치였다. 대학 다닐 때 맨 앞에서 데모해 사진이 동아일보에 크게 실렸다는 말에 껌뻑 넘어

가셨던 것 같다. 생각이 바르고 주관도 뚜렷하며 박력이 있다면서 그를 바라보는 눈빛에 다정함이 실렸다. 옛날 사람들이 사윗감을 고를 때는 자기 딸을 굶길까 아니면 잘 부양할까 하는 점에 큰 비중을 두셨던 것 같다. 아버지는 그가 자기 식구를 굶기지는 않을 거라는 확신이 드셨는지 그의 적극적인 공략에 슬며시 허혼許婚해 버렸다.

나는 당시 대학 4학년 재학 중이라 사회에 나가 돈도 벌고, 멋진 연애도 하고 싶다는 생각뿐이었다. 아직 마음을 정하지도 않았고, 결혼이 무엇인지도 몰랐으며 결혼의 실상이 어떤 것인지는 더욱 몰랐다. 그쪽 집에서 급히 서두르니 어른들의 의사에 밀려 인륜지대사인 결혼을 어영부영, 남의 신념에 떠밀려 쉽게 해버린 것 같다. 그때 나는 그 책을 읽었어도 신념이란 개념 자체를 확실히 이해하지 못했던 것 같다. 사실 그 사람 자체는 유머가 있어서 평생 웃으면서 살 것 같았고 잘생긴 외모가 싫지는 않아서 연애만 한번 해볼까 하는 생각은 하고 있었다.

지지고 볶고 웃고 울며 살다 보니 세월은 어느덧 흘러 반세기가 지났다. 살아온 세월이 만만치 않아 큰 바위에 부딪혀 부서지기도 하고 이런저런 상처를 입기도 했다. 마음은 찌그러져도 웃음으로 덮으며 살았다. 걱정이라고는 하나도 없는 것처럼, 모든 것이 행복으로 달음질치고 있다는 듯. 나는 무엇이든지 한번 믿으면 끝까지 의심하지 않는다. 힘든 일도 돌쇠처럼 참

아내며 엄살을 피우지 않는다. 이런 내가 그에겐 얼마나 편했을까.

그는 혼자 만들어 낸 신념교의 교주가 되었다. 그리고 나는 세상에서 한 사람뿐인 나 홀로 신도가 되어 일생을 그럭저럭 잘 살아가고 있었다.

그에게는 자신에게만은 관대해선 안 된다는 또 하나의 지론이 있다. 부부는 일심동체인지라 아내에게도 관대하게 대하지 않겠다고 했다. 나에게 다정히 대하면 자기 가족이 나를 싫어할 것이고 그러면 내가 힘들어지니 나를 위해서 그들 앞에선 친절하게 굴지 않겠다는 뚱딴지같은 다짐을 했다고 한다. 스물두 살의 어린 신부여서 뭐가 뭔지 몰랐다고 말하면 너무 어리석은 건가. 큰소리쳤던 그도 그때는 스물여섯밖에 안된 애송이였다.

애송이 같은 신랑이 스물두 살 철부지 색시에게 냉정하게 굴며 남편은 하늘이라고 무게를 잡았으니 지금 생각하면 가히 웃기는 일이다.

부부 사이에는 여러 가지 유형이 있다고 한다. 연인 같은 부부, 친구 같은 부부, 형제 같은 부부, 그리고 스승과 제자 같은 부부가 있다나. 우리는 마치 스승과 제자 같았다. 그가 선생처럼 지적하고 훈계하는 별 재미없는 남편인 걸 왜 몰랐을까. 유머를 좋아하고 잘생긴 남자만 좋아하던 내 눈에 콩깍지가 씌었었나. '처음 만날 때는 그렇게 재밌던 사람이 왜 이렇게 지금은 재미가 없냐'고 물었더니 결혼 전을 회상하며 이런 말을 했다. 조금 재밌는 말만 하면 내가 하얀 이를 드러내며 까르르 웃었다고 했다. 그 모습이 예뻐서, 유머를 집에서 연습하고 와서 재밌게 해주었을 뿐이란다. 그런데 지금은 연습하기가 싫다는 것이다. 그의 연극에 내가 깜빡 눈이 멀었나 보다. 그와 살면 평생 웃으며 살 수 있겠다 싶었던 기대는 어디 가고 재미없는 도덕 선생과 살게 될 줄 누가 알았을까. 하얀 이가 예쁘니 항상 이를 드러내고 웃고만 다니라던 사람이다. 그런데 웃겨주지는 않고 지적과 훈계를 하는 사람이니 앞뒤가 맞지 않았다. 자신을 믿기만 하면 행복하게 해주겠다며 큰소리치더니 이럴 수가. 하기야 종교를 맹신하는 것도 위험한데 하물며 인간이 인간을 어찌다 믿을 수 있단 말인가.

    요사이 많이 사용하는 말이 있다. 가스라이팅. 자기보다 약한 사람을 심리적으로 교묘하게 움직여 자기 마음대로 지배력을 행사해 목표를 달성한다는 말이다. 인제 와 가만히 생각하니 그는 신념이란 것을 내세워 나를 지배하는 힘으로 쓴 것 같다. 그러나 어찌하랴, 그의 신념을 사랑으로 믿고 움직인 나 역시 나만의 신념의 화신이었으니. 그의 신념과 내 사이에 자리한 것은 결국 사랑이었는지도 모른다.

    오래전 읽은 『신념의 마력』이란 책이 내 안에서도 숙성된 걸까. 모든 것을 참아내며 그 자리를 굳건히 지키면, 살다 보면 살아진다는 나만의 신념으로 발효되어 내가 그만큼 성숙해진 것 같다.

그를 믿는다는 맥없는 믿음을 억지로라도 움켜잡고 버둥거리며 살아온 날들이었지만 행복하고 보람된 날들도 많았다. 삶 자체가 오르락내리락하는 시소이기 때문일까. 행복하기 이를 데 없는 나날은 아니었어도 그렇다고 아주 불행한 시간도 아니었다. 여기까지 무사히 온 걸 보면 신념이란 말에는 그래도 매혹적인 힘이 있었던 것 같다.

그의 말을 '믿습니다.'라며 교주님 대하듯 떠받들던 내가 어느 때부터
"가스라이팅 당했다."
"신념이란 매력적인 단어를 구사했지만 벽 같은 고집쟁이다."
라며 불만을 터트리는 걸 보면 내가 그보다 훨씬 더 많이 변했다는 뜻일 게다.

어느덧 활기에 차 박력을 부리던 젊은 날의 팔팔한 모습도 모든 것이 변한다는 공식을 벗어나지 못하는 것 같다. 늙어가는 그의 모습을 보면 이 사람이 백금 이를 하고 나를 보러왔던, 잘생기고 싱싱했던 그 사람이 맞나 하는 낯선 시선의 연민이 들기도 한다.

결혼하자마자 처음으로 곗돈을 타 백금 이를 하얀 이로 바꿔준 것이 바로 나라는 사실을 그는 기억이나 할까.

2

나보다 네가 더 힘들 거야

깜빡깜빡

네가 더 힘들 거야

잉태

귀양다리 해배되다

누가 아이일까

점

백 오십 만원

남기는 것

월세는 괴로워

어퍼컷

깜빡깜빡

몇 년째 밤낮으로 식은땀이 나니 몸에서 진액이 다 빠진 것 같다. 여름만 되면 더하니 주위 사람들에게 민망스럽다. 그들은 내가 딱한지 어떤 한의원에 가봐라, 무슨 치료를 받아 봐라, 무엇을 먹어보라고 정보를 제공해준다. 이번엔 토종닭에 홍삼 뿌리를 넣고 뼈와 고기가 다 뭉개지도록 푹 고아 체에 걸러 아침 공복에 한 대접씩 먹으라 한다. 말복을 넘기지 말고 속는다 치고 꼭 먹어보라며 신신당부를 했다.

지인이 신경 써주는 마음이 고마워 바로 실행에 옮겼다. 들통 가득 커다란 토종닭 네 마리와 홍삼 네 뿌리를 넣고 푹 고아 국물을 짜내고 재탕에 들어갔다. 세 시간쯤 고면 되겠지 하는 짐작으로 불 조절을 했다. 한여름 오후 세 시, 서향 부엌은 100도 가까이 올라간 사우나 같았다. 가스레인지 근처에는 얼씬도 못 하겠다. 얼추 시간 되면 와서 불을 꺼야겠다고 생각하고 에어컨을 튼 시원한 안방에서 중국 드라마에 빠져 시간 가는 줄 모르며 신나게 보고 있었다.

갑자기 거실에서 올림픽 중계방송을 보고 있던 남편이 비명을 질렀다. 깜짝 놀라 후닥닥 거실로 나가보니 집안이 새까만 연기로 가득 찼다. 들통 곁은 무서워서 도저히 접근할 수조차 없었다. 가스 불은 가까스로 남편이 껐다. 창문들을 다 열고 한숨을 돌리는데 복도에서 경보음이 요란하게 들려왔다. 현관문을 열려고 하니 세찬 바람이 문을 막아서 열리지 않았다. 어떤 이유 때문인지 경보가 울리면 태풍보다 센 바람이 일어나게끔 기계장치가 돼 있는가 보다. 정말 불이 났다면 실내에 있는 사람은 현관문이 안 열려 빠져나갈 수 없을 것 같아 등골이 오싹했다. 관리 사무실에 연락하여 경보를 꺼달라고 신고를 하고 있는데 아파트 정문 앞에 소방차 사이렌 소리가 요란했다. 대여섯 대의 소방차가 아파트 밖에 나란히 늘어섰다. 우리 집은 28층인데 창밖을 내다보는 나를 소방관 두 사람이 아래서 올려다보고 있었다.

"이 동네 어디서 불났나 봐요. 소방차가 많이 왔네."

"근데 저 사람들 왜 우리를 보고 있지?"

"글쎄."

남편도 의아해하는 눈치였다.

"앗, 우리 집에 왔나?"

순간 현관문이 요란하게 쿵쾅거렸다.

갑자기 나타난, 열 명도 훨씬 넘는 소방관들!

헬멧에 장화에 두꺼운 유니폼을 입은 소방관들이 집안으로 우르르 들어오는 것이 아닌가.

오늘 같은 폭염 속에서 출동하려니 얼마나 힘들었을까. 거실의 센서를 정지시키며 창문을 열어 환기를 시켜주기까지 한다. 이것저것 조사하고 눌어붙어 숯덩어리가 된 들통 속까지 사진을 찍는다. 민망해서 어쩔 줄 몰라 멍하니 서 있는 내 손을 한 소방관이 두 손으로 감싸주었다.

"어머니, 놀라셨죠?"

이 더운 날 본인들을 고생시킨 내가 얼마나 미웠을까마는 보양식을 만든다고 음식을 불 위에 올려놓고 깜빡 잊어버린 노인네들이 안쓰러웠던 것일까. 자신의 부모를 떠올렸는지 오히려 나를 위로해주기까지 한다.

신고한 지 6, 7분도 안 돼 소방차가 집 앞에 도착하는 우리나라 소방서 시스템이 대단하고, 든든하고, 자랑스러웠다. 소방차가 한번 출동하면 거액의 경비가 든다는 소리를 들었는데 내 실수로 이렇게 나라의 경비까지 쓰게 해 값비싼 폐를 끼치고 말았다.

화재 신고를 한 사람은 앞집 엄마다. 얼마 전 자기 집에서 고기를 구워 먹다 거실에 있는 센서에 연기가 감지되어 복도에서 오랫동안 경보가 울렸다. 고층이라 불이 나면 방법이 없겠다 싶어 우왕좌왕, 우리 부부도 한바탕 소동을 벌였다. 그녀도 나만큼 건망증이 심했는지 복도에서 경보가 울리자마자 자기 집에 불이 났는지 확인도 하지 않고 119에 신고했단다. 신고자의 조서를 받아야 하는지 아예 소방관들이 그녀를 데리고 갔다. '우리 집 대문을 한 번만 두드려 봤어도 이렇게 일이 커지지 않았을걸' 하고 생각하다가도, 만에 하나 불씨가 하나라도 튀었다면 지금 나는 살아 있기나 했을까 싶어 아찔해졌다.

동네가 떠들썩하게 난리가 났건만 아무도 그 에피소드에 관해 물어오는 사람이 없었다. 다행히 푹푹 찌는 오후 시간에 문 닫고 집 안에 있었던 사람들은 올림픽 중계를 보고 있었는지 소동이 일어났는지조차 알아차리지 못했다. 알았다면 다들 뛰쳐나오느라 큰일이 벌어질 수도 있었을 것이다. 며칠 후 엘리베이터에서 만난 아랫집 여자가

"철딱서니 없는 8층 여자가 며칠 전 무슨 보양을 하겠다고 곰국을 끓이다 큰불을 내 난리가 났답니다. 글쎄, 이렇게 더운데 보약은 무슨 보약이에요. 미친 여자 아녜요?"

라고 흉을 보는데 바로 그 미친 여자가 8층 여자가 아니라 나였다는 소리는 차마 하지 못했다.

요즘 들어 깜빡깜빡 잊기를 잘한다. 냄비를 태우는 일은 잦은 편이고 마트에서 장을 본 뒤 카트 속 물건은 그대로 놔두고 카트에 끼운 백 원은 틀림없이 빼 들고 오기도 한다. 보온병이나 스마트 폰을 두고 오는 일은 다반사다. 특히 중요한 물건을 잘 간직해 놓고는 그 사실 자체를 깜빡 잊는다. 단어도 갑자기 막힐 때가 많다. 그런 에피소드를 자랑이나 하듯 소상히 남편

에게 떠들어 댔는데 그것이 실수였다. 그는 속으로 저 마누라가 치매기가 있지 않나 하고 걱정이 된 모양이다. 이번 사건을 빌미로 그는 신경외과에 가서 치매 검사와 뇌세포 검사를 해 보자 했다. 그렇게 큰일을 낸 마당에 안 간다고 할 수 없어 마지못해 따라갔다.

한 시간가량 검사하고 결과를 확인하는데 은근히 걱정도 됐다. 비행기, 소나무, 연필이라는 단어를 한번 불러 주고는 다른 것들을 열심히 물어보다가 갑자기 아까 불러 준 단어 세 가지를 말하란다. 갑자기 물어오니 정확한 단어가 기억나지 않아서 소나무를 그냥 나무라고 우겼다. 세 단어 중 하나를 못 맞췄으니 초기 치매로 진단 결과가 나오지나 않을까 싶어 내심 긴장했다. 떨고 있었는데 의사는 뇌세포점수가 90점이며 치매기가 전혀 없다고 했다. 듣고 있던 남편이 의아한 듯 잘 좀 봐주시라고 하는 게 아닌가. 이건 뭐야. 결과에 승복하지 않는다는 것인가.

"오늘 예약 시간도 10시인데 이 사람이 9시라고 해서 일찍 왔어요. 이런 게 한두 번이 아니거든요."
하고 의사한테 이른다. 지긋이 나를 바라보던 멋진 의사는
"저는 뇌세포 숫자로 확진을 합니다. 저도 건망증이 심해 이렇게 달력에 빨갛게 메모를 해야만 하고요. 깜빡깜빡하는 것은 병이 아닙니다. 사장님은 깜빡깜빡 안 하십니까? 이제부터 부인께선 메모하는 습관을 들이세요."

그러면서 다시 한번 정상이라고 진단을 내려줬다.

고자질하다 혼난 아이처럼 의사에게 이르다 무안당한 이 남자의 표정은 아직도 석연치 않다.

네가 더 힘들 거야

한 달 이상 지속된 폭염으로 모든 사람이 아우성을 친다. 숨이 안 쉬어지며 곧 쓰러질 것 같다고도 한다. 우리나라 역사상 최악의 폭염이 닥쳤던 1994년 8월이었다. 당시 에어컨이 없는 사람들은 은행에 가서 더위를 식히는 것이 유행이었다. 오후 2시쯤 나도 책 한 권을 들고 승강기에 올랐다.

13층에서 아래로 내려가는 중간에 승강기가 갑자기 멈춰버렸다. 불이 꺼졌다. 비상벨을 눌렀지만 아무 대답이 없었다. 최고 기온이 39도에 육박했다는 그날 승강기 속은 45도를 훨씬 넘는 찜통으로 변해갔다. 발로 차고 두드리며 소리쳐 봐도 그저 정적뿐, 층과 층 사이에 멈춰버린 승강기 속에서는 빛줄기 하나 보이지 않았다. 암흑 속에서 점점 숨이 막혀 왔다. 상상을 초월하는 공포가 엄습했다. 온몸이 땀으로 질퍽해지며 기진맥진하여 바닥에 쓰러졌다. 내 생이 여기서 끝나는구나 싶었고 자포자기하는 마음과 함께 가족들 얼굴이 떠올랐다. 대학 다니는 딸은 누가 시집보내 줄까. 아직 고등학생인 아들은 엄마 없이 잘 살아갈 수 있을까. 남편은 어떨까. 부모님과 주위 사람들 얼굴도 순식간에 스쳐 지나갔다. 절박한 그 순간에도 먼저 타 먹은 곗돈은 어떻게 갚아야 할까 하는 것까지 걱정했다는 것이 지금 생각하면 우습다. 가물가물 의식이 사라져 가는 중에 웅성거리는 사람들 소리를 들은 듯해 있는 힘을 다해 "나 좀 살려 줘요!"라고 소리소리 질렀다고 생각했지만, "나, 나…" 기어들어 가는 소리로만 나왔을 뿐 밖에까진 들리지 않았다 했다. 한참 후에야 외출하던 이웃이 이 사단을 발견하고 신고하여 나는 초주검이 된 채 구출되었다.

    승강기도 폭염에 기진맥진했던 것일까. 제일 더운 날, 더구나 오후 2시에는 아무도 아파트에 출입하지 않았다. 나중에 알았지만, 비상벨 앞을 지켜야 하는 경비원은 이웃 경비실에서 시원한 수박을 먹으면서 놀고 있었다고 했다.

    베트남에서 땅굴을 구경할 때였다. 줄을 서서 차례로 땅굴 속으로 들어가는데 거기서 일이 터졌다. 엉금엉금 기어들어 가는 친구의 두 엉덩짝만 눈에 들어왔고 뒷사람과의 사이에 끼여 버린 것 같은 답답함에 정신이 몽롱해졌다. 갑자기 숨을 쉴 수가 없고 식은땀이 흐르면서 승강기에 갇혔을 때의 증상이 곧바로 나타났다. 말이 안 나오고 곧 죽을 것 같은 공포였다.

    인도여행에서는 밤 기차를 타게 된다. 처음 갔을 때는 1층 침대칸에서 잤기에 미처 몰랐는데, 아침에 눈을 떠 위를 쳐다보다 갑자기 승강기나 땅굴에서처럼 숨이 막혔다. 이층 침대에 붙은 천장이 나를 짓눌러버릴 것 같았기 때문이다. 그래서 두 번째 갈 때는 서울서부터 여행사 사장에게 사정을 이야기하고 1층에서 자게 해달라고 사전에 부탁했고 걱정 말라는 약속까지 받았다.

서울서부터 따라간 인도 귀족 출신 가이드는 출발 전날 애인에게 이별을 통보받았다면서 백지영의 「총 맞은 것처럼」을 틀어 놓고 내내 울기만 했다. 실연에 넋을 잃은 가이드는 그만 나를 두 친구와 함께 인도인들만 있는 칸, 그것도 2층 칸으로 보냈다. 이층 침대 위의 천장이 눈에 들어오는 순간 가슴이 쥐어짜는 통증과 함께 다시 곧 죽을 것 같은 공포가 엄습했다. 천장에 딱 다가붙은 침대, 2층으로 올라가는 철 사다리, 창문과 창살, 이 모두가 다 숨을 못 쉬게 만들었다. 친구 세 사람이 다 2층이니 아래층 인도 남자에게 손짓, 발짓도 하고 영어로 바꿔달라고 부탁도 했지만 자기도 기침을 하니 싫단다.

옆 칸으로 달려가 가이드를 찾으니 친구들과 바꾸라고 대수롭지 않게 말했다. 그렇게 다짐했건만 아무것도 아닌 것으로 왜 호들갑을 떠느냐는 듯한 태도를 보였다. 이 희멀건 실연자는 만사가 귀찮다는 듯 태평했다. 그로서는 세상이 끝날 것 같은 슬픔으로 세상에서 가장 불행한 사나이였을 것이다. 손님의 급박함 따위는 보이지도, 들리지도 않았던 것이다.

평소에 조신하고 조용한 친구가 기차 타기 직전까지도 걱정하던 내게 만약 2층으로 배정되면 자기가 바꿔 주겠다며 염려 말라 했다. 당연히 바꿔 주리라 믿고 달려가 보니 밤엔 두 번쯤 화장실에 가야 한다며 곤란하다는 듯이 철 사다리를 쳐다봤다. 순간 머리가 핑 돌아 쓰러질 뻔했다. 자진해서 바꿔 준다고 했던 사람이 어쩜 저럴 수 있을까. 식은땀을 줄줄 흘리며 안색이 파랗게 질려 변심한 친구를 쳐다보고 있는 내 꼴이 너무 불쌍했다.

그때였다. 얼마 전 심장 수술을 두 번이나 받고 여행 자체를 갈까 말까 망설였던 친구가 벌떡 일어서더니 내 손을 잡고 자기 자리로 이끌었다.

"나도 힘들지만 지금은 네가 더 힘들 거야."

아무리 그 자리가 필요했어도 양보하는 아픈 친구 자리로는 갈 수 없었다. 그래도 지금까지 그 고마움은 잊을 수가 없다.

여행에서 돌아와서 너무 비참하고 상심한 나머지 정신과를 찾아갔다. 몇 가지 검사를 하고 나서 의사는 폐소 공포증이며 6개월이면 고칠 수 있다는 진단을 내렸다. 그와 비슷한 상황을 본인이 인지하고 마음이 편안해지는 경험을 통해서만 치료할 수 있다는 것이다. 도와주는 전문가와 함께 가상 현실 속에서 폐소 공포가 처음 시작되었던 환경을 일부러 만들어 불안감에 익숙해지도록 거듭 그 환경에 접하여 스스로 교정해야 한다고 했다. 무서운 것이나 어려운 것도 반복되면 적응하고 순응한다는 심리를 이용하는 치료법인 것 같았다. 다시는 경험하고 싶지 않은 것을 재현해야 치료할 수 있다는 의사의 말을 따르고 싶지 않아 그냥 와버렸다.

성수대교가 무너진 날,
한참 운전하다 갑자기 앞 차들이 한강 속으로 떨어지는 모습을 바로 눈앞에서 본다면 어떨까. 두 앞바퀴가 달랑달랑 무너진 다리에 걸쳐져 있다가 구조된 친구가 있다. 생과 사가 한 끗 차이더라고 했다. 그녀는 2년간 정신과 치료를 받은 뒤에도 조그만 웅덩이라도 보면 옆 사람을 꼭 붙든다. 물만 보면 자기도 모르게 몸이 오그라들고 가슴이 뛴다고 했다. 악몽도 여러 번 꾸었다고 했다. 트라우마가 무의식 속으로 숨어 들어가 버리면 애를 써도 극복하기 힘든 것이 공황 장애인가 보다.
그녀는 토굴이나 승강기는 전혀 무섭지 않다고 했다. 나도 넓디넓은 바다는 무섭지 않다.
엘리베이터에 갇혀 암흑 속에서 무시무시한 공포를 견딘 나는 막힌 공간이나 어두운 곳에선 가슴이 답답하고 식은땀을 흘리며 괴로워한다. 눈앞에서 강물 속으로 떨어질 뻔한 위기일발의 상황을 순간순간 인지해야 했던 친구는 물만 보면 식은땀을 흘리며 벌벌 떤다. 그렇다면 나와 친구 둘 중 누가 더 고통스러울까. 어둠 속에서 느낀 내 공포보다 눈으로 직접 생사의 갈림을 확인한 친구, 아마 네가 훨씬 더 힘들었겠구나.

잉태

 왜 그렇게 화를 냈을까? 사촌 시숙의 부고를 듣고 문상하러 간 병원 주차장에서였다. 남편이 주차하는 것을 뒤에서 봐주다 내 무릎이 남편 차와 뒤차 사이에 끼어서 몹시 아팠다. 그런 실수는 누구나 할 수 있는데 남편에게 날 죽일 셈이냐며 소리를 질러댔다. 무릎을 다치는 순간 40년 전 개에 물려 무릎에서 피 흘리던 장면이 왜 떠올랐을까.

 시집인 목포에서 집안 행사가 있던 날이었다.
 임신 4개월 된 몸으로 저녁 늦게까지 부엌에서 혼자 일하다 나오니 남편이 작은 집에 가야겠다고 재촉했다. 그날의 행사에 참석하지 못한 작은어머니께 인사를 드려야겠다는 것이다. 어두워진 밤길에 마음이 급했던지 앞서가던 남편이 뒤돌아보면서 빨리 안 따라온다고 냅다 소리를 질렀다.
 그 소리에 놀라 뛰려던 찰나였다. 새끼를 막 낳은 송아지만 한 검은 개가 길가에 앉아 있다가 내가 자기를 공격하는 줄 알고 거세게 달려들어 날 물었다. 핏발 선 벌건 눈알을 번득이면서 순식간에 날 물어버린 것이다. 두꺼운 겨울옷이 찢어지고 넘어져서 무릎에서 피가 흘렀다. 이빨 자국을 보던 약사가 광견병이 걱정되니 병원에 가서 주사를 꼭 맞으라고 신신당부했다. 약사 말에 나는 배 속의 아기가 걱정돼 겁이 더럭 났다.

그 난리 속에서도 남편은 사과 한 상자를 사 들고 작은집으로 나를 데리고 갔다. 아기에게만 자꾸 신경이 쓰이는데 아랑곳하지 않고, 무릎에 붕대를 동여맸는데도 작은어머니께 큰 절을 시켰다. 이 부분이 지금까지 그때 일을 용서 못하는 이유일 것이다. 그렇게 위급한 상황에서 인사가 뭐 그렇게 중요한 일이라고 작은어머니를 꼭 만나러 가야 했고 겁에 질려있는 나에게 절을 시켜야만 했을까. 남편은 목표를 하나 정하면 어떠한 일이 있더라도 끝까지 밀어붙였다. 아내가 몸이 아무리 아파도 집안 대소사에는 장손 며느리의 소임을 먼저 챙기는 사람이다.

그날 밤, 나는 밤새 많은 하혈을 했고 다음 날 아침 친정이 있는 광주의 산부인과에 갔다. 이미 아기는 자궁에서 흘러내리고 있어 깨끗이 긁어내야 한다고 했다.

내 안에서 뭔가가 흘러내리는 상실의 느낌은 나를 초주검 상태로 몰아넣었다. 유산할 때 느꼈던 소름 끼치는 기분, 쇠가 닿는 감촉과 아픔이, 몇 십 년이 지난 지금까지도 선명히 느껴지곤 한다.

40년 전 일이 지금의 이 일과 무슨 상관이 있다는 걸까. 유산 후 엉엉 울었듯이 지금도 소리 지르면서 그때와 똑같이 울기까지 했다. 주차장에 있던 문상객들이 가족 중 누군가가 지금 막 죽어서 저렇게 오열하나 보다 하고, 안쓰럽다는 표정으로 나를 쳐다봤다.

 자궁 속 아기가 편하게 숨 쉬며 커나갈 공간이 텅 비고 나니 바로 그 자리에 나도 모르는 분노가 생겨나 조용히 자라고 있었나 보다. 임신초기의 아내를 거들떠보지도 않고 모르는 척, 새벽부터 저녁까지 혼자 부엌일을 하게 한 냉정함을 난 잊지 않고 있었던 것 같다. 임신한 며느리에 대한 가족들의 배려가 없었다는 야속함 또한 잊을 수 없었을까. 축복받아야 할 새 생명인 내 자식이었다. 보살펴주는 이 없는 상황에서 그렇게 억울하게 사라져 갔다는 슬픔이 묵은 원한이 되어 아무도 모르게 내 자궁 속에 꼭꼭 숨어 있었나 보다. 슬픔이 잉태한 분노는 이토록 질기고 오랫동안 내 세포 속에서 흐느끼고 있었던 것이다.
 정작 그때는 말 한마디 안 하고 인제 와서 왜 울고불고 야단하는 걸까. 남편은 뒤늦게 마누라가 눈에 쌍심지를 켜고 대드니 아주 난처하고 살맛이 안 나는 모양이었다. 제발 지난 일은 다 잊고 재미있게 살자 하는데 가끔씩 화 덩어리를 하나씩 분만하게 된다. 그는 얄밉게도 그렇게 유산했던 일도 잘 모르고 있었고 그런 일이 언제 있었나 하는 표정을 지었다. 평생 모정의 한을 가슴에 품고 살아왔는데 자기는 그런 일이 있었는지 아스라이 기억도 안 난다는 것이다. 소리 지르며 울어대니 그는 어리둥절하여 입을 딱 벌리고 이 여자가 미쳤나 하는 눈초리로 나를 쳐다보았다.

남편은 장손이라는 허울에 사로잡혀 자기가 가장 보듬어 줘야 할 사람을 슬프게 하고 등한시한 죗값을 인제 와서야 치르는 중이다. 아내보다도 자기가 어깨에 짊어진 안동김씨 몇 대 장손이라는 입장만이 그에게는 우선이었다. 조선 시대 사람도 아니면서 체면과 명분만을 따지는 사람이다. 그는 자기 주변을 위해 나에게 모든 걸 양보하게 만들고 몸과 마음을 다해 희생하고 헌신하라고 요구했다.

남을 배려하는 데에 마음을 쓰고 주위의 행복을 먼저 생각하는 마음씨가 곱다고 나는 그를 존경하기까지 했다. 내가 좀 힘들더라도 참된 인격을 가진 그를 따르는 것이 옳다고 생각했다. 그러나 모든 것이 지나치면 부작용이 따른다. 그런 이타행을 하려면 누군가는 혹독한 희생을 치러야 한다.

그는 친척들과 식구에게 갚아야 할 마음의 빚이 많다고 했다. 6.25 당시 작은집 식구까지 한 집에서 건사했던 시아버지는 폭격이 있을 때는 다른 식구들은 놔둔 채 큰아들만 안고 파놓은 땅굴에 숨었다는 것이다. 장손이라는 특별대우를 받으며 방공호 속에 숨어 있던 어린아이 가슴 속에 잉태된 부채 의식이 커가면서 주위에서 노상하는 말에 빚더미를 크게 키워 스스로 짊어진 모양이다. 그 부채가 목덜미를 이토록 오랫동안 움켜

잡고 있었던 탓일까. 자신에게 상속된 돈도 사촌들에게까지 똑같이 나눠주지를 않나, 일 년에 한 번씩은 버스를 빌려 만리포로 경포대로 형제들과 사촌들을 다 데리고 구경시켜 준다며 다니기도 했다. 아주 옛날 한때 생명의 위협을 받으며 버려졌다고 생각했던 그들을 위해서 나는 힘들게 김치 담그고 반찬을 만들어 오래된 한을 풀어 주러 다니기도 했다. 방공호 속에 숨어있던 그 어린 아이의 가슴 속엔 아직도 빚진 마음이 남아있을까.

   내 한쪽 가슴에 슬그머니 스며들어 잉태되는 것은 무엇일까.

귀양다리 해배되다

　벼슬길에서 쫓겨나 유배되었던 남편의 조상이 제주에 뿌리 내려 10대손을 이루었다. 조상님들은 어떠한 사연으로 피눈물을 흘리며 머나먼 제주까지 쫓겨가서 그리움으로 말년을 보냈을까. 아마 세도를 부리던 안동김씨인 조상이 권력을 잃고 유배를 당한 것이 아닐까 추측해 본다. 귀양 간 사람들은 죄인이라서 풀꽃처럼 소리도 없이 죽어갔을 것이며 오래되어 사연조차 희미해졌을 것이다. 제주까지 갔다면 필시 중죄인이었을 테니 비석인들 제대로 갖추지 못했으리라. 더불어 그 자손들도 얼마나 많은 고초를 겪으면서 오랜 세월 타향에서 힘들게 살았을까.

　제주 장묘 문화는 자기 조상을 자기 밭에 매장하거나, 지관이 좋은 곳이라고 하면 남의 밭에도 산(제주말로 무덤)을 썼다. 짐승들의 침입을 막고 화재를 막으려고 직사각형이나 사다리꼴 모양으로 산 담을 이중으로 쌓는다. 오랜 비바람에도 끄떡

없는 비법에 외국 건축인들도 감탄한다. 세월이 지나 밭의 주인
이 바뀌어도 무덤이 있는 채로 사고팔기 때문에 이 밭 저 밭에
집안이 다른 조상들의 묘가 있다. 벌초할 때나 성묘를 할 때 밭
담을 뛰어넘어 밭으로 들어가도 현재의 밭 주인은 상관할 수가
없다. 무덤이 여기저기 흩어져 있는 데다 오랜 시간이 흘러 없
던 집들이 생겨나, 가끔 들르는 우리 같은 자손들은 장소를 착
각하여 이리 갔다 저리 갔다 헤매고 다니기 일쑤다.

제주에는 우리 집안의 산소가 열일곱 기 있었다. 제주에 아
무 연고가 없고 조상들의 묘들만 곳곳에 덩그러니 남아 있어
자손들이 벌초하는 데 너무 복잡했다. 비행기를 타고 가야 하
니 날씨가 나쁘면 제날짜에 돌아오기도 곤란했다. 요사이 자손
들은 여기저기 흩어져 있는 묘지를 관리하기 어려울 것 같다.
하여 우리 부부가 해마다 애쓰던 일을 자식에게는 넘기지 말았
으면 하는 염원이 있었다.

남편은 제주에다 가족 공원을 만들려고 했다. 목포에도 조
부모님과 부모님의 묘가 있어 우리는 벌초를 하러 두 군데를
오가야 했다. 이번 기회에 널찍한 땅을 사 조상님들을 모두 한
자리에 모시자고 했다. 자손들이 목포로, 제주로 다니던 것을
편안하게 한 곳에서 벌초도 하고 성묘도 할 수 있게 가족묘를
멋지게 꾸밀 셈이었다. 조상들을 위주로 생각한 것이다. 반면
나는 조상님도 좋고 내 후손들이 조금이라도 편하기를 바라는
마음에 수도권을 주장했다. 이왕 이장하려면 자손들 근처로 옮

기기를 바랐다. 젊었을 때부터 담을 넘어 다니며 벌초하고 제를 지내면서 나는 내 자손을 위해 나이 들면 조상 묘를 용인으로 꼭 옮기겠다는 생각을 줄곧 해왔다. 남편을 따라 터를 잡으러 제주에 몇 번이나 내려갔어도 내 마음은 용인이라는 장소를 포기할 수가 없었다. "사람이 죽으면 용인으로 가라"는 말을 어디선가 들었기 때문인 것 같다.

마침 분당 모란공원에서 봉안당을 분양한다기에 친구들과 같이 가서 마음에 드는 장소를 무조건 계약해 버렸다. 용인이 아니더라도 서울서 가깝고, 깨끗하게 시설을 잘 만들어 놓았기 때문이다. 제주는 조상들의 고향이라는 것 외엔 아무 의미가 없는 곳이다. 해마다 아들이 자식들을 데리고 다니며 우리처럼 고생하게 하고 싶지 않았다. 온 세상 어머니들의 마음은 다 똑같을 것이다. 뒷감당이 매우 힘들 것 같았지만 난 용기백배였다. 아니나 다를까. 내 멋대로 했다며 꽤 큰 충격을 받았는지 남편은 붉으락푸르락 얼굴을 붉히며 며칠째 화를 내면서 대답도 하지 않았다. 꾹 참다 나는 이렇게 말했다.

"죽어서는 따로 갑시다. 아들네는 그래도 내가 데리고 갈 거요."

이 말이 특효약이었을까. 남편은 모란은 말고 용인 공원으로 가보자 했다.

이장을 할 땐 윤년인가 아닌가를 먼저 봐야 한다. 잘못 손대면 동티가 나기 때문이다. 그다음엔 달과 날을 잡아야 한다. 안치하는 시간이며 산제를 시작하는 시간까지, 어느 것 하나라도 어긋나면 안 된다. 조상 전체를 이장하는 일에는 천지인의 조합을 볼 수 있는 전문가의 조언이 꼭 필요하다. 살아있는 사람들도 이사 한번 가려면 복잡하고 신경 쓸 일이 많다. 하물며 바다 건너 여기저기 흩어져 있는 무덤에서 유골을 수습하여 화장하고 도자기에 모신 후, 정해진 시간 내에 공항을 거쳐 용인까지 가는 것은 결코 쉬운 일이 아니었다. 남편은 아들과 함께 하루 전에 제주에 내려가 당일 캄캄한 새벽부터 인부들을 데리고 곳곳에 있는 유골을 수습하여 화장터로 달려갔다. 이름을 헷갈리지 않도록 유골함 하나하나에 선조들의 유골을 맞추어 넣었다. 제주를 떠난다는 인사로 제를 모신 다음 깨지지 않게 포장하여 공항으로 이동해 용인까지 제시간에 잘 도착했다. 안장 시간에 맞추어 이 모든 일을 해야 하니 첩보영화 『007』 시리즈만큼이나 긴박하고 스릴 있었다. 목포에 모셨던 부모님과 조부모님도 똑같은 절차로 시동생이 진행했다. 끝까지 한 치의 착오가 없어야 했다. 남편의 치밀한 기획으로 목포와 제주에서 하루 동안의 일정이 순조롭게 진행되었다.

드디어 조상님들이 생전 꿈에도 생각 못 했던 비행기를 타셨다. 오랜 세월이 지난 후에야 육지로 오게 됐으니 유배된 설움과 한이 풀렸을까. 제주를 떠나 꿈에 그리던 한양을 거쳐 죽어서 간다는 용인까지 왔으니 혼이라도 얼마나 감격스러울까.

안동김씨 25대 후손인 남편이 몇백 년 만에 귀양다리(귀양 온 나으리) 입도조入島祖를 해배解配 시켜 용인 공원묘지에 모시는 일생일대의 숙원을 이루었다. 남편에게 박수를 크게 쳐주고 싶다.

영혼은 있을까.
있다고 본다. 지금 조상들을 모신 자리는 애초에 너무 비싼 곳이라서 안내원이 추천하지 않은 곳이었다. 전날 그 아랫자리에 대한 설명을 듣고, 용인이니 무조건 결정해야겠다고 맘먹고 집에 돌아왔다. 그날 밤 꿈을 꿨는데 우리가 생각했던 자리에서 이십여 명이 넘는 옛날 사람들이 무명옷인지 비단옷인지를 입고서 산등성이를 올라가는 모습을 보았다. 할아버지와 할머니들이 비탈길을 어렵지 않게 슬슬 오르고 있었다. 청춘에 떠난 사람일까, 붉은 옷 입은 젊은 사람도 뒤에서 따라가는 것 같았다. 모두 힘차게 올라갔다. 이건 뭘까. 어쩐지 심상치가 않았다.
그 산등성이가 실제로 있는지 확인하고 싶었다. 다시 가보니 꿈에 보았던 산등성이가 똑같이 거기에 있었다. 조상들이 나를 통해 당신들이 가고 싶은 곳을 이미 정해 두신 거라는 생각이 들었다. 꿈속의 모습 그대로를 본 이상 선택의 여지가 없었다. 얼마나 강한 바람이면 나의 꿈에 단체로 나타나신 걸까.
한이 많은 영혼들인가 보다. 얼마나 육지로 나오고 싶었으면 나에게 현몽까지 하셨을까. 산제를 올리고 수십 명의 자손이 돌아가며 절을 올리니 영혼들은 흐뭇했으리라. 내가 이 집에 시집와서 가장 의미 있고 보람된 일에 참여한 것 같았다.

그날 밤은 누군가가 커다란 다이아몬드를 내 손에 쥐여 주는 꿈을 꾸었다. 가장 강하고 영원하다는 다이아몬드를 준 것은 조상들의 감사 표시인 것 같다.

그들이 점지해주신 곳에서 사방을 바라보면 경치가 시원하고 앞이 탁 트여 좋다.

추석에 손자들이랑 아들 며느리 데리고 차례를 지내고 있자면 참 편안하다. 우리가 편안하면 조상들도 당연히 편안하실 것 같다. 이장을 하고 나니 대대로 제사와 벌초를 하느라 일 년에 며칠을 고심하고 애쓰던 일이 하루면 다 끝났다. 명절이나 제삿날에 가보면 아예 거기서 차례나 제사를 간단히 지내는 사람들이 많다.

내 아들도 소풍처럼 쉽게 와서 시원한 바람을 맞으며 놀다 갈 것이다.

누가 아이일까

"헤어질 땐 울고불고하던 손녀가 이제 마음이 변했다. 마지막 사랑이 흔들린다."

최근 발표한 글에 위 문장을 썼다. 이걸 읽은 친구가 다음에는 마지막 사랑에 관해서 써 보라는 주문을 했다.

내 마지막 사랑은 손녀일까?

아닌 게 아니라 전생의 애인인 듯 손녀는 보고 뒤돌아서도 또 보고 싶다. 자려고 누우면 품에 안았던 감촉이 떠오르고 꼬물꼬물한 손으로 나를 붙잡고 헤어지기 싫다며 울어대는 모습이 떠올라 잠을 설치기도 했다. 남자를 사랑한다 해도 이렇게까지 사랑할까.

처음 대면했을 때 무척 낯이었던 아이, 아들을 낳았을 때의 감격을 그대로 다시 느끼는 것 같아 핏줄이란 이런 것이구나 하고 새삼 느꼈다. 첫 손녀는 친할머니 DNA의 50%를 들고 온다는 말이 있다. 대대로 내려가는 유전적 영원회귀라고나 할까.

나를 닮으면 그럭저럭 예쁘기는 하겠지만 통통해질 테니 평생 다이어트를 해야겠구나. 멋스럽게 옷도 마음껏 입어보지 못하면 어떡하나. 낙타에서 사자로 뛰어오르지 못해 끙끙거리며 피해 의식으로 찔찔거리는 성품이면 어쩌나. 공연히 나와 비슷한 점에 빗대어 걱정도 해보았다.

유아원에 가기 시작하자 눈을 반짝이며 자기 뜻대로 주위 사람들을 쥐락펴락한다. 말하자면 우리 가족의 대장이다. 아들과 며느리는 손녀의 뜻을 다 받아준다. 세상이 뜻대로 안 된다는 것도 알게 해줘야 한다고 말하면서도 나 역시 꼼짝을 못 한다. 어른들이 자기를 상전으로 모시는 것을 본능적으로 아는지 모든 선택의 결정자가 자기라는 것을 아는 듯하다. 요새 아이들은 태어날 때 여섯 명의 부하를 데리고 나온다는 말도 있다.

여섯 부하란 부모와 양쪽 조부모다.

니체는 자신을 극복한 인간을 위버멘쉬라고 했다. 노예처럼 무릎 꿇고 굴종하는 낙타의 시대를 겪고, 다음은 무조건 울부짖는 사자의 시대를 지나, 늘 춤추고 웃으며 무언가 창조하는 아이의 단계에 이른다. 이것이 위버멘쉬의 단계라고 니체는 말했다.

나는 이제 너희들에게 정신의 세 단계 변화에 관해 이야기하련다. 정신이 어떻게 낙타가 되고, 낙타가 사자가 되며, 사자가 마침내 어린아이가 되는가를

- 니체, 『차라투스트라는 이렇게 말했다』에서

낙타와 사자를 겪고서 아이가 되라는 니체, 이때 아이란 대체 어떤 아이를 말하는 걸까?

아이인 손녀는 질투심도 많고 욕심도 많다. 호불호가 정확하다.

목표 달성을 위해선 엄살도 마다치 않고 길바닥에 드러누워 소리 지르며 울기도 한다. 주위의 상황을 정확히 파악한 소치다. 까까를 손에 넣기 위해 어른들에게 조건을 제시하며 흥정도 한다.

순수하기에 가식 없이 생각나는 대로 행동하는 걸까. 이런 것이 그림자 없는 정오, 내면과 외부의 한계가 없는 일관된 아이일까.

인간 본성이 그렇다면 각자 생긴 모습대로 살아갈 뿐 거기다 철학을 가미하고 이념대로 살아가기 위해 애쓰는 수고는 꼭 해야 할까. 왔던 데로 돌아간다는 결과가 자명한데 더덕더덕 욕심을 부려 고뇌하며 백날 떠들어 봐야 답은 원시반본元始反本이다.

어린아이는 순진무구하며 망각이며, 새로운 시작, 놀이, 스스로의 힘에 의해 돌아가는 바퀴, 최초의 운동, 거룩한 긍정이다.

그렇다 나의 형제들이여, 창조의 놀이를 위해서는 신성한 긍정이 필요하다.

- 니체, 『차라투스트라는 이렇게 말했다』에서

얼마 전 어떤 신사가 나를 농염한 장미라 했다. 장미는 가을까지도 핀다. 담벼락이나 철조망에 검붉은 빛을 발하며 한 송이만 우두커니 서 있기도 하고 몇 송이가 뭉쳐서 수다를 떨기도 한다. 모든 꽃이 진 후에도 꽃 중의 꽃인 장미는 오랫동안 가시를 드러내고 "난 장미야" 하고 자태를 뽐내는 것 같다.

이 나이에 색스러운 매력이 넘친다는 얘기는 아닐 것이다. 농익었다는 것은 무르익어 발효가 잘되고 있다는 것이다. 산전수전 다 겪고 초연해지는 시기라는 뜻일 수도 있다. 무르익어 아름답다는 찬사에 꼴까닥 넘어가 고무된 김에 신성한 긍정으로 자신을 돌아보았다.

말 한마디를 듣고서 나를 사유하고 미래를 설계하는 기회를 얻는 것, 이것도 바로 시절 인연이다. 손녀 같은 시절이 나에게도 있었을 것이다. 이제 많은 세월을 지나 다시 아이로 돌아가는 과정에 들어서는 것 같다, 마지막 사랑을 진하게 하고 돌아갈 길에 아무 후회가 없었으면 한다. 60대에 아름다운 연인이 나타나 내 인생에 마지막 사랑을 멋지게 꾸며 주리라는 소공녀 같은 꿈을 목을 빼고서라도 기다려볼까. 그런 일은 천상의 덕을 쌓아야만 일어난다고 한다.

세 살 손녀에게도 있는 꾀 많은 사랑, 나에게 있는 질기고 이기적인 사랑, 결국 끝까지 가지고 가는 마지막 사랑은 무엇일까. 농익는다는 것은 내면이 단단하게 궁굴려져 외면의 갈등에 좌우되지 않는다는 것이다. 농익어야만 주위도 보듬을 수 있는 역량이 생긴다.

그동안 살아오면서 사람 사이에 불순물인 분노라든지 집념 같은 것이 생겨도 사랑하기 때문에 그런 거라고 미화했을 것이다. 군더더기를 걷어내고 그림자 없는 뜨거운 태양 아래 오롯이 남는 것은 완전한 결정체인 사랑이다. 그 사랑에 익숙한 자는 삶도 사랑할 수 있다. 삶 중에 무엇을 사랑할까.

바로 자기 자신이다.

눈치 보던 주위의 모든 것을 선반 위에 올려 버리고 손녀처럼 변덕스럽게 마음 닿는 대로 "좋아요"를 외치든지 "싫어!" 하고 사람 많은 데서 울어 버릴 용기를 낼 수 있다면 늙은 아이일까.

손녀는 가족들을 끝까지 챙기며 서로서로 손을 잡고 나란히 걷자고 진두지휘를 한다. 가장 큰 것을 골라 손에 쥐더라도 다 함께 가자고 손을 잡는다. 기분 좋으면 모두를 주목시켜 놓고 춤을 춘다. 때 묻지 않은 아이에겐 맑은 영혼이 있다.

모든 단계를 거의 다 거친 나도 즐겁게 춤추며 창조적으로 만들어 내며 발전하면 위버멘쉬가 될 수 있을까. 죽는 날까지 해맑은 웃음을 지을 수 있는 '농익은 아이'라면 좋겠다.

내 속에 함께 깃들어 있는 음과 양이 서로 균형을 이루며 고루 버무려져야 한다. 불순물이 없는 음과 양은 서로를 힘차게

당기는 힘의 의지인 유정의 합이다. 아무리 사랑이 좋다 한들 사랑 속에 나를 담고 내 속에 온갖 사랑을 다 담을 수는 없다.
 신만이 가능할까. 요새는 신도 삐딱해서 곳곳에 재앙을 주니 믿을 수 없겠다.
 손녀처럼 산뜻하고 달진 않지만 발효되어 감칠맛이 있는 편안함은 왔던 시작점에서 다시 영원히 돌고 돌 것이다.

점

남자보다는 여자가 훨씬 점을 많이 본다. 여자들이 점을 보는 것은 일종의 외도라고 말하는 사람도 있다. 재미로 본다는 사람도 있지만 자기 고민이 딴 데로 새어 나갈 염려도 없고 점 봐주는 상대가 확실한 내 편이 되어 주기 때문에 종종 가게 된다. 하물며 응원도 해주고 격려도 해주니 마치 든든한 애인을 만난 듯 미덥다. 그만큼 어딘가에 의존하고 싶은 걸까.

어느 해 정초에 신수 보러 갔다. 어느 달에 외국에 가서 사고로 다칠 운수라고 했다. 시간이 흘러 운수 본 사실을 까맣게 잊고서 태국에 골프 치러 갔다. 도착한 다음 날 두 번째 홀에서 동반자의 공이 나의 배 한가운데로 쏜살같이 날아오는 것이 보였다. 불행 중 다행인지 엄지손가락 뼈가 바스러졌을 뿐이었다. 손이 탱탱 부었지만 병원 사정이 열악한 현지에선 치료할 수가 없어 그날로 돌아왔다. '다 놀다 오는 날 다쳤으면 억울하지 않을 텐데 이게 웬일이야', 하는 순간 신년 운수 봤던 일이 생각났다. 점집에서 지적해준 바로 그달이었다. 어떻게 그걸 정확히 맞출 수가 있을까. 내 인생 각본 속에 쓰여 있는 것을 그녀가 읽어준 것일까. 신기하기만 했다.

 이런 예지의 신비를 여러 번 경험했다. 죽은 자와 나만 알고 있는 일을 영매들이 얘기하기도 했고 앞날을 족집게처럼 집어내는 이도 있었다. 장군 신이라든지 아기 동자 아니면 조상신이 빙의하여 공수 내리는 역할을 하는 신의 제자들로 점쟁이나 무당이라고 부른다. 그들 앞에 앉으면 무서우면서도 재미가 있다. 맞고 안 맞고의 문제가 아니라 점 보러 간 사람이 갈팡질팡할 때에 자신감 있게 결론을 내주는 역할을 해주기 때문이다.

 분명 신은 존재한다고 믿는다. 다른 차원의 세계를 알 수는 없지만 무시할 수가 없다. 인과에 의해 운명이 결정되는 근본 법칙이 있다고는 하나 우주공간과 시간을 누군가가 관장하고 있어 시시각각 변화시키는 것 같다. 객관적이고 경험이 많은 이들이 위로와 포기를 적절히 권하면서 상담해주면 그럴듯하다. 가히 정신과 치료를 받고 있다는 착각이 들 때도 있다.

 점 보러 간 사람으로선 결론을 내주는 상대가 믿음직스럽다. 자신에게 닥친 상황을 더듬어 주며 추임새를 넣어 맞장구쳐주는 것에서 위안을 얻고 용기도 얻는 것이다. 윤회도 언급하며 전생까지도 논할 땐 이건 뭔가 싶기도 하다. 믿음이 가면 그들의 말을 그대로 믿고 깊이 생각해 보지도 않고 곧바로 실행해버리는 사람들도 있다. 간혹 부적을 써라, 굿해서 좋은 기운을 불러들이라는 권유를 듣는데 잘 생각해 봐야 한다. 본인이 권해 주는 대로 하지 않으면 기필코 화를 입을 것이라는 단언으로 위협할 때 공포와 두려움에 약한 사람들은 말려들기도 한다. 물론 방편을 써서 심리적으로나 기운으로나 도움을 받을 수도 있을 것이다. 하지만 그들이 하라는 대로 마냥 끌려다니다 보면 한 번뿐인 귀중한 삶의 주인공이 되지 못하고 헤맬 수도 있다는 것이다.

오천 년 역사 동안 우리 조상들이 필요로 했기에 점 보는 것이 이제껏 전수되어 왔을 것이다. 이순신 장군이나 을지문덕 장군도 꼭 괘를 뽑고서야 전장에 나갔다고 한다. 나름 나아갈 것인가 주저앉을 것인가 가늠해보았다는 것이다.

그들은 주역 점을 쳤을 것이다. 음양의 변화를 예측하여 대처하는 지혜와 한없는 겸손을 배울 수 있는 주역 점, 생겨나 있는 모든 것은 있는 그대로 머무르지 않고 변한다(易)는 지혜를 알려 준다고 할까.

점칠 때는 간절하게 천지신명께 기원한 다음 마음을 가다듬고 자신의 소망을 먼저 고하고 결과를 알아봐야 한다. 단 한 번의 괘만이 정확하다. 결과가 마음에 안 든다 하여 여러 번 뽑아본다 해도 소용이 없다.

나도 몸소 육효 점괘를 뽑아 본 적이 있다. 억울한 일을 당하여 생전 처음으로 소송을 걸어 보면 어떨까 하여 점을 쳐봤다. 택수곤澤水困 괘가 나왔다. 물 위에 연못이 있는 형국으로 주역에서 4대 나쁜 괘에 속한다.

범사에 수고만 많고 결과가 없다는 괘다. 현재는 모든 것이 곤란하니 망동하지 말고 기다리라는 괘사다. 점을 치고 나니 없던 일로 해야겠다는 마음이 바로 들었다. 먼저 단념하고 합리화에 들어갔다. 소송하면 얼마나 귀찮겠는가. 편안하게 사는 것이 으뜸이리라. 나쁜 괘가 나온 것이 결국은 좋은 결과라고 생각하고는 피할 구실을 열심히 찾았다. 만약 좋은 괘가 나왔다면 어떻게 했을까?

사소한 선택을 할지라도 실생활에서 누구나 알게 모르게 우리는 어떤 식으로든 점을 치며 살아가는 것 아닐까. 손에 침을 뱉어 오른손 검지로 침을 튀겨 침이 날아간 방향을 보고 점쳐 본 경험이 있을 것이다. 가장 쉽게 치는 점이다. 갈까 말까. 이쪽일까, 저쪽일까, 인생은 어차피 선택인데 결정할 때 마음이라도 편하게 점을 쳐 보는 것 같다.

어떤 이들은 점 보는 것 자체가 문화라고 말한다. 주관이 강하고 자신감 넘치는 사람들은 점치는 행위를 미신이라며 얕보는 경향도 있다. 아무리 야무진 사람이라도 살다 보면 답이 똑 떨어지게 나오지 않는 경우가 많다. 단체를 이끄는 카리스마 있는 사람들이나 점을 미신이라고 터부시하는 종교 지도자들도 중요한 사안이 생기면 점집을 찾는 것을 보았다. 역시 인간은 누구나 외롭고 두려운 것이다. 인간에게는 희망과 포기를, 욕심과 버림을 적절히 할 수 있도록 남의 힘을 빌려서라도 선택하는 의존성이 있다. 신에게 복을 비는 약한 인간들이라서 그렇다고 하면 못난 변명이라고 돌을 던질까.

비가 올 것을 알면 거기에 대비하여 우산을 준비할 것이다.

바스러진 손가락을 보면서도 가해자에게 원망하지 않았다. 웃어주며 도리어 미안해 말라며 위로하는 나를 사람들은 무슨 관세음보살 정도로 생각하는 것 같았다. 나의 운수가 그랬다고 생각하니 가해자가 오히려 나였다는 생각이 들었기 때문이다. 신수를 보지 않았다면 감정이 그대로 드러나는 내 얼굴이 그렇게 편안하진 않았을 것 같았다.

더 잘살기를 염원하고 가족의 안녕을 빌며 새벽도 마다하지 않고 점 잘 본다는 곳으로 번호표를 타러 다녔던 젊은 날, 기복적인 욕심이 남달리 많았던 것일까.

백 오십 만원

한때는 며느리였고 지금은 시어머니가 됐다. 어느덧 세월이라는 것이 역할을 다르게 분배해 준 것이다. 각자가 자기 역할을 만나면 다들 어쩌면 그렇게 잘 감당하고 살아갈까.

마치 연극을 보다 보면 배우들이 맡은 배역을 너무 잘 소화해내 보는 이들의 심금을 울리듯 우리 인생에서도 각자 맡은 역을 잘 해내며 살아가는 것 같다. 며느리에서 시어머니로 입장이 바뀐 나는 잘하고 있나. 지금은 시대가 많이 바뀌어 사람들이, 특히 시어머니들이 어리둥절해하는 세상인 듯하다.

우리 시어머니는 돌아가시기 전에 나를 불러 당신 수중에 있던 마지막 현금을 건네주셨다. 단호한 말씀으로 "이 돈은 너에게 다 줘야 옳다고 생각 한다"고 하셨다.

전화로는 천오백만 원이라고 말씀하셨지만 가서 보니 백오십만 원이었다. 아마 그만큼 큰 비중이 있다고 여기신 것 같다.

"아범이 너에게도 쇠고기는 최상급이고 과일도 제일 좋은 것을 사다 주냐?"

어머님은 아들이 올 때마다 가장 좋은 것만 사다 준다고 은근히 자랑하시면서 나의 대답을 기다리셨다. 그때까지 어머니의 아들은 나에게 그런 걸 사다 주지 않았다. 솔직히 대답하니 아주 환한 얼굴로 어머니는

"내일 아범이 오면 너에게도 앞으로는 잘 사다 주라고 말해 주마."

부드럽게 말씀하셨다. 어쩐 일일까. 그동안 자상한 모습을 보이신 적이 없는 어머니가 너무나도 친절하게 아들까지 나에게 잘하라고 말씀해 주신다는 것이다. 그런 모습을 처음 보고서 감동 받고 고마움에 소중히 돈을 받아들었다.

내가 시집갔을 때 어머니는 58세이셨고 89세에 돌아가셨으니 30년 동안 나의 행불행에 자의든 타의든 거의 관여하신 분이다. 7남매 중의 장남이자 귀하디귀한 아들의 아내인 내가 아주 예뻤을 법도 한데 어머니는 예뻐하시지 않았고 정답게 대해 주신 적이 없었다. 못한 것만 보시고, 아주 잘한 것도 아들에게 반대로 말씀하시곤 하여 남편이 혼낼 때가 다반사였다.

처음으로 임신한 며느리가 춘천에서 시댁인 목포까지 신랑 없이 혼자 인사드리러 갈일이 있었다. 입덧하면서 장시간 버스를 타고 기진맥진하여 시댁에 도착했다. 시누이가 밥을 하고 있었다. 속이 비어 있었던지라 밥 냄새가 너무 좋아 오랜만에 밥 좀 먹어봐야겠다고 기대했다. 그러나 막상 상 차릴 땐 오랜만

에 간 임신 삼 개월의 나에겐 김칫국물이 묻은 식은 밥을 주셨다. 시누이들에겐 김이 모락모락 나는 하얀 쌀밥을 고봉으로 퍼주고 나에게는 먹다 남은 보리밥을 내밀었다. 바구니에 넣어 부엌 천장에 매달아 놓았던 그대로 내주신 것이다.

결국 나는 맛있는 밥 냄새만 맡고 먹지는 못했다. 시누이들은 그때만 해도 어렸기 때문인지 아무렇지도 않다는 듯이 우적우적 맛있게 먹었다. 나는 흐르는 눈물을 들키지 않으려고 입덧이 나서 밥이 넘어가지 않는다며 일어나 부엌으로 나와 버렸다. 첫 친 손주를 잉태한 며느린데 왜 그러셨을까.

엄동설한에 춘천의 날씨는 대단했다. 제왕절개 수술을 받고 병원에서 퇴원한 다음날 아침이었다.

남편이 금방 낳은 애에게 잘 다녀오겠다는 다정한 인사를 건네며 출근하는 걸 보시더니 심사가 안 좋으신 듯했다. 본인이 먼저 밥 말아 먹다 남긴 탱탱 불은 미역국에 밥만 더 넣어 산모에게 주고 머리가 아프다며 서울 딸네로 가버리셨다. 아무도 없는 객지에서 산모는 온종일 굶었고 기저귀는 마른 것이 없었다.

그러나 보름쯤 뒤에 어린 시누이가 회사로 보낸 편지에는 어머니가 산구완 하러 갔다가 설움 받고 왔다고 일주일 내내 우시니 올케 단속 좀 잘하고 오빠가 어머니께 신경 좀 써달라고 쓰여 있었다. 어머니가 우셨다는 말에 가슴이 아팠던 아들은 앞으로 잘하라는 뜻으로 편지를 보여준다면서 잘 좀 해달라고 했다. 일주일 동안 딸네 집에서 잘 놀다 가신 분이 서러워 우셨단다. 말없이 울기만 했는데 다 내 탓이라고 했다. 아기에게 젖 먹여야 하는 나는 온종일 굶었고 서럽게 울어서 하루 사이에 눈 밑에 기미가 새까맣게 돋아났다.

여자들은 임신했을 때나 산후에 서러운 일을 당하면 그 서러움이 60년 동안 방부제가 버무려져 내내 변치 않는다고 한다. 그 말은 이런 경우를 두고 하는 말인가.

결혼한 지 17년 되던 해에 온 식구가 모일 일이 있었다. 갑자기 어머니는 나를 가리키며 솔직히 얘기해 보라고 하셨다.

"아범은 이 세상에서 엄마인 나를 가장 사랑하고, 다음이 아이고, 세 번째로 너를 사랑하는 것 같다. 안 그러냐?"라면서 빨리 수긍해 달라는 것이다.

나보고 어쩌라고, 빙 둘러앉아 서로 웃고 담소하고 있던 방 안의 시누이들이 갑자기 조용해졌다. 어쩐 일인지 그날 이후 시누이들은 어머니 말씀을 180도로 바꾸면 답이 나오더라고 했다. 내 편을 들어 주기 시작하고 변함없는 내가 고맙고 미안하다며 금반지와 40송이 빨간 장미를 장문의 편지와 함께 보내왔다. 착한 시누이들이 너무 고마웠고 든든했다.

집착이 그리도 무서운 건가. 그 외에도 여러 사건이 많았지만 어머니께 단 한 번도 말대답한 적이 없고 변명도 안 하고 다 수용하고 말았다. 다른 사람에게 그런 사연을 이야기하면서 어쩌면 좋으냐고 상의도 하지 않았고, 바보가 되어 다섯 시누이의 비위를 맞추려고 나름 애쓰며 시어머니와 남편에게 알랑거리면서 살았다. 너무 어렸고 힘이 없어 나름대로 살아가는 방편으로 여기고 견디며 살았나 보다. 내 편이 하나도 없는 적진에 던져진 어린 병사 역할은 얼마나 두렵고 외로운 삶이었던가. 남편에게도 한마디 않고 견디는 것만이 최선인 줄 알고 맏며느리 역할을 뼈가 부서지도록 해냈다. 제사도 스물여섯 살부터 지냈고 한 해에 열네 번 지낸 기억이 난다. 효자 아들을 둔 어머니는 돌아가시기 바로 전까지도 기세가 등등하셨고 태후마마의 위력을 맘껏 발휘하신, 말년 복이 좋은 분이었다. 큰아들이 워낙 잘하는 효자인지라 다른 자식들도 다 잘하려고 하는 것 같았다.

어머니는 왜 나를 견제하며 행여 아들의 사랑이 나에게 갈까 전전긍긍하여 앞뒤가 맞지 않게 행동하셨을까. '동화 속에 나오는 악역이 실제도 있긴 있구나' 하고 가만히 얼굴만 쳐다보곤 했다. 가슴에 시퍼런 멍을 만들어 주시곤 결국엔 가셨는데 남아있는 내 가슴의 멍이 얼마쯤은 지워졌을까. 모든 게 사라지는 것이 당연하건만 독점하려는 집념이 너무 심하셨고 며느리에겐 일말의 측은함도 보이지 않으셨다. 그런 분이 마지막 수중의 현금을 꼭 나에게 주고 가시겠다는 거다. 보너스로 아들한테 나에게도 잘하라는 말씀도 남겨주신다고 했으나 남은 돈은 주고 갈망정 나에게 잘하라는 말씀은 안 하시고 가셨다.

다음 생까지도 아들의 사랑을 지고 가시려 했을까. 순번 1위를 넘겨주지 않고 그대로 갖고 가신 것이다. 내게 마지막 남은 재산을 주고 싶어 한 어머니의 바람은 묵묵히 견디는 며느리에게 측은한 연민을 느끼신 믿음의 사랑이 아니었을까. 그동안 섭섭했던 마음이 "수중의 돈 전부인 백오십 만원의 주인이 너"라는 어머니의 마음을 몇백 배의 무게로 받았는지 스르르 풀어지고 있었다.

마지막에 중환자실에서 말씀도 못 하실 때 다른 자식들이 들여다봐도 반응이 없다고 했다. 내 차례에 손을 잡아드리며 절에서 스님들에게 귀동냥으로 들었던 임종 법문을 조곤조곤 들려드리며

"어머니, 많이 힘드시죠? 이제 힘들지 않으실 거예요. 여기 자식들 걱정은 마시고 편하게 잘 가세요."라고 말씀드렸다.

어쩐 일인지 내 말은 알아들으셨는지 감은 눈 옆으로 눈물을 주르륵 흘리셨다.

남기는 것

나의 소꿉친구는 암으로 죽은 언니의 장례를 치르고 돌아오면서 쓰레기 치우고 오는 듯하여 서럽고 허망하더라고 펑펑 울었다. 언니가 소중히 여기던 모든 것, 생전에 집착했던 것들이 이제는 어쩔 수 없이 쓰레기라는 것이다. 언니가 평생 사랑했던 형부마저도 덩그러니 남겨진 물건처럼 후줄근해 보였다며 우울해했다.

오래전에 꽃 도자기 만드는 법을 배웠다. 세라믹 흙을 손바닥 위에 얹어 꽃도 만들고 코끼리도 만들어서 가마 속에서 1,600도의 고열로 구워낸다. 그런 다음 예쁘게 색칠한 후 유약을 입혀 또 굽는다. 하나씩 완성되면 흐뭇하고 신이 났다. 장식장을 사서 거기에 차곡차곡 진열했더니 보람차고 창작의 재미가 쏠쏠했다. 내가 보기에도 재능이 있는 듯 선이 곱게 나왔다. 은은한 파스텔색 꽃을 아기자기하게 만들어 올려놓으니 내심 자랑스러운 자식 같은 작품들이 됐다. 만들기를 지도한 도자기 선생과 학생들의 합동 전시회를 열었을 때 내 작품이 제일 먼저 팔려서 어리둥절하기도 했었다.

며느리를 얻고서 아들 집에 처음 가는 날이었다. 내가 가장 행복했던 시절에 만들었던 묵직한 꽃 도자기를 먼저 챙겼다. 행복한 기운으로 만든 것을 주고 싶었고 아들 내외도 오랫동안 행복했으면 하는 소망을 실어, 무겁지만 깨지지 않도록 꼭 껴안고 갔다.

아들은 활짝 반겼으나 며느리는 옆에 와서 들여다보지도 않는다. 짐짓 밥하느라 정신이 없는 듯 부엌에서 나오지 않았다. 약간 실망했으나 섭섭함을 속으로 삼키고 말았다. 얼마 후에 갔을 때 보니 내가 두고 온 텔레비전 옆자리에는 안개꽃을 꽂은 화병이 놓여 있고 그 자리에 두고 온 꽃 도자기는 보이질 않았다. 잡동사니들을 넣어둔 작은방에 꽃 도자기가 놓여 있는 것을 발견하고는 깜짝 놀랐다.

어머니의 첫 선물을 하찮게 여기는 것을 보고 내심 며느리에게 화가 났다. 집에 돌아와 잠을 청해도 잠이 오질 않았다. 나는 하나밖에 없는 며느리에게 내가 가지고 있는 모든 것을 물려주고 언젠가 때가 되면 쓸모없는 온갖 쓰레기를 그 손으로 처분해 줄 것이라고 믿고 있었다. 나는 당연하다는 듯 며느리를 나의 후계자로 지목하고 있었다.

화낼 일이 아니다. 그녀는 내가 아니다. 좋고 싫고의 차이가 있는 별개의 개체인 것을, 나는 의당 며느리의 마음이 아들과 똑같을 줄 알았다. 아들은 도자기를 열심히 만들고 있었던 나를 봐왔기 때문에 공유해 주고 소중하게 여길 수 있다. 그러나 그녀에게는 아무 의미가 없을 것이다.

내 생전에 소중하게 의미를 부여하던 것들이라도 내가 죽으면 한낱 쓰레기일 뿐이라고 며느리는 가르쳐 준 것이다. 내가 애착하고 있는 것을 공유해 주고 고맙게 받아 나를 가끔씩이라도 추억해 주리라 기대했던 것은 착각이었다. 지금은 장식장에서 방긋 웃고 있는 화려한 꽃 도자기들은 흐뭇하게 봐주는 내가 없다면 저절로 빛을 잃고 누군가가 치워야 할 쓰레기가 되고 말 것이다.

늘그막에 수필을 쓰고 있다. 지나간 세월에 대한 한풀이의 일환이라고나 할까. 그동안 멋모르고 긍정을 외치며 만사에 여유 부리던 내가 글을 씀으로써 꽤 비판적으로 되어 감을 본다. 수십 년 묵은 억울함도 꺼내서 반추해 보고 요새 드라마의 주제로 인기 있는 복수도 꾀해 보려고 머리를 굴리기도 한다. 주위에선 격려해 준답시고 어서 빨리, 많이 써서 책을 내보라고 등을 두드려 준다. 열심히 써서 그래 볼까 하고 생각했었다.

책도 꽃 도자기와 똑같을 것이다. 책을 남기는 것도 어쩌면 쓰레기일 뿐이지 않을까.

법정 스님이 그래서 자기 책을 절판시키라고 유언했을지 모른다. 성철 스님도 자기 인생이 허망하여 사기만 치다 간다고 허탈해했을 것 같다. 그들은 아무것도 남기지 않고 가고 싶다고들 했는데 나는 두드러지게 살아보지도 못한 주제에 살아온 흔적은 남기려고 했을까.

 사람들은 이 세상을 버리고 갈 땐 무엇을 남기고 갈까.
 이제껏 살아오면서 주변 사람들의 죽음을 여러 번 봤다. 그들의 인생을 따져 보면 모두가 다 고달팠고 불쌍하지 않은 사람이 없다. 사연도 많았던 인생들이었지만 죽고 나면 그만이었던 것 같다. 죽음이 또 다른 삶의 시작이라고 하는 사람들이 있지만 경험한 사람은 없다. 가끔 남은 자의 가슴에 들어와 울리고 웃기는 추억을 남기고 가기는 한다. 먼저 가는 선배로서 자신들의 시행착오를 보고 이렇게들 살다 오라는 본보기를 남겨준다고 말할 수 있을까.
 몇몇 사람들에게 무엇을 남기고 가고 싶으냐고 물어봤다. 대부분이 정직하게 사는 모습을 자손들에게 남기고 싶다고 했다. 또한 배려하고 남을 위해 사는 모습도 보여주고 가고 싶다고들 했다. 자식들에게 많이 남겨주려고 머리를 쓰고 매사에 인색하고 욕심이 많았던 사람들인데도 말은 모두 그렇게 했다. 희한한 것은, 이기적인 사람일수록 평생 그렇게 살았노라고 말하더라는 것이다. 사람들은 모두 본성은 맑고 밝으니까 그런 소망을 마음속에 품고 있었는데도 막상 사는 모습들은 그러지

못했던 것 같다. 자식들이 과연 그들의 말과 행동이 다른 것을
모를까.

　절약을 생활의 기본으로 삼고 겸손하게 사는 친구가 있다.
그녀는 목돈이 생기면 값비싼 그림을 수집했다. 자식에게 물려
주어도 증여세를 내지 않아도 되니 틈틈이 사들였다는 것이다.
분배해 줄 때가 된 듯하여 우선 하나씩 나눠줬다. 서로 어떤 것
을 다른 형제들이 가져갔을까에만 신경 쓰는 모습들을 보았고
딸들에게 더 좋은 것을 준 것 아니냐며 시큰둥해하는 며느리를
봤다는 것이다. 고맙다는 말을 기대했으나 그런 표현들이 없었
다. 하물며 남겨 준 그림들이 자식들의 우애를 그르칠 것 같아,
차라리 그림을 몽땅 팔아 부부가 그 돈을 즐겁게 다 써버리겠
다고 했다. 그러면서 어떻게 사는 것이 즐겁게 사는 거냐고 내
게 물어왔다. 그래, 친구야, 나도 그 답을 지금 찾고 있단다.
　우선 우리가 가진 물질이나 경험, 생각까지도 자식에게 남
겨주고 싶다는 망상은 하지 말자. 그들은 그들이 좋아하는 것
을 진열하면서, 벽에 걸면서 살 것이다. 아무리 값진 것이라도
우리가 좋아했던 것을 진열하라고, 벽에 걸라고 챙겨주지 말자.
우리는 우리 자신이나 챙겨 그들에게 짐만 되지 않게 노력하자.
나도 어떻게 살아야 하는지 잘 모르겠으나 무조건 즐겁게 살
아보자. 병들고 찌든 모습을 보이지 말고 행복한 모습의 기억
을 그들에게 남겨주자. 모든 사람이 그날그날의 주인공이지 내

일은 아무것도 없을 거야.

　나라에 큰 기여를 했다던가, 후손들에게 큰 공헌을 했다면 이름 석 자를 남기겠지만 몇몇 사람들만 빼고는 그냥 이슬처럼 사라질 뿐이다.

　어떻게 살았든, 어떻게 죽든 간에 우리가 떠난 후 남는 것은 이미 의미를 잃은 쓰레기일 뿐이리라.

월세는 괴로워

　수원지방법원에서 환급금을 받아 가라는 통지가 왔다. 본인이 직접 와야 하며 법원에 붙어있는 은행에서만 지급한다고 했다. 이게 무얼까. 법원이 내게 왜 돈을 준다는 걸까 하고 한참을 생각해 보니 '아, 그거였구나' 하고 생각이 났다.
　난생처음 공탁금을 걸고 재판받았으며 오라 가라 번거롭기 짝이 없었던 그 사건이 언제 일어났더라?
　벌써 15년도 더 지난 일이다. 부동산 중개업자 말만 듣고 경기도 수지의 풍덕천에 땅을 샀다. 공원 건너편 대지로 땅이 반듯하여 그럴듯해 보였다. 앞 공원은 곧 상가가 될 예정으로, 도시계획이 잡혀 있으니 그렇게 되면 길 건너 이 땅은 노른자가 될 거라 했다. 150평이니 1층으로 가건물을 지어서 월세를 받다가 활성화되면 빌딩을 지어 말년을 풍족하게 지내시라는 부동산 아저씨 말에 귀가 번쩍 뜨였다.
　돼지머리를 괴고 막걸리를 뿌리며 고사를 지내고 바로 착공하여 몇 달 안 되어 1층 건물이 지어졌다. 미장원, 부동산, 카페,

그리고 오토바이 가게가 들어서서 드디어 나도 월세를 받기 시작했다. 이듬해까지는 세가 척척 잘 들어왔다. 너무 좋아 별일 없어도 한 번씩 가서 둘러보기도 하고 세입자들에게 음료수도 사다 주곤 했다.

그 당시 이미 나보다 먼저 건물을 지어 월세를 받고 있던 아는 언니에게 나도 이제 건물이 생겨 월세를 받게 됐다고 자랑했다. 가만히 듣고 있던 그 언니가 축하해 주기는커녕 이렇게 말하는 것이었다.

"앞으로 너의 창자가 시커멓게 될 것 같구나."

"남의 주머니에 있는 돈을 가져오려면 아마 너의 고운 얼굴도 볼만하게 될걸?"

남의 돈을 다달이 받으려면 너무 힘들어서 얼굴까지 새까맣게 된다는 말이었다.

과연 월세 받는 일은 여간 어려운 게 아니었다.

어느 날 눈웃음을 예쁘게 치던 미장원 원장이 전화했다. 월세를 올려 줄 테니 보증금을 조금만 남기고 돌려달라고 했다. 나에게 얼마나 좋은 제안인가. 그러시라 하고 보증금을 조금만 남겨 두고 다 내줬다. 그랬더니 당장 다음 달부터 월세가 안 들어오는 것이다.

두 달을 기다리다 가보니 원장은 없고 그 딸이 아예 미장원 쪽방에 이사를 와 미장원을 운영하고 있었다. 엄마가 젊은 남자와 바람나서 자기 집 전셋돈까지 빼갔다면서 볼멘소리를 했다. 자기도 미용사다, 열심히 벌어 빚도 갚고 밀린 세도 다 낼 테니 1년만 참아 달라고 했다. 딸인 본인은 억장이 무너지나 그래도 엄마니까 자기가 다 책임진다는 얘기였다. 1년 후에 곗돈을 타게 해놨으니, 그때까지만 제발 봐 달라고 사정했다. 손님들도 많았고 엄마 빚까지 다 갚겠다는 말이 너무 기특해 그러라 하고 돌아왔다. 가끔 가보면 영업을 꽤 잘하고 있었다. 그런데 1년 후 곗돈 탄다는 날짜에 가보니, 이럴 수가. 중요한 세간만 꾸려 단봇짐을 싸서 도망간 뒤였다. 옆집들은 아무도 몰랐다 했다.

밀린 돈을 받는 건 고사하고 쓸모없는 침대랑 구질구질한 살림들만 그대로 두고 갔는데 그걸 내 맘대로 버리면 큰일 난다는 것이다. 신문에 공고를 하고 6개월을 기다려 피고를 찾아 소식이 없으면 원고 혼자 재판을 받아야 한단다. 법원 일이 그렇게 복잡할 수가 없었다. 부재 시 출두 고지서를 못 받으면 몇 달이 늦어지고 공탁금을 걸어라, 집달관 비용을 내라, 컨테이너를 임대해라 등등.

재판받을 땐 큰 죄를 지은 사람처럼 긴장하면서 판사가 사무적으로 묻는 말에 얌전하게 대답하는데도 진땀이 다 났다. 그 짐을 컨테이너에 일정 기간 보관했다가 주인이 안 나타나면 내가 그 짐을 경매에서 사는 것처럼 하여 다시 버려야 한단다. 그 헌 물건들을 75만 원에 사서 물건 버리는 값을 또 치르고야 해결이 됐다. 재판 과정이 2년이나 됐고 그때 낸 공탁금을 이제야 찾아가라는 것이다. 수원지방법원에서.

카페는 어떠했던가.

사장이 임대 계약서를 가지고 사채를 빌리는지 수없이 내용증명이 날아왔다. 처음엔 깜짝 놀라 달려가 보니 나와는 상관 없으니 아무 걱정하지 말고 15일 내로 그 집으로 내용증명만 보내 달라고 했다. 변호사도 그러면 된다고 하여 우체국만 여러 번 다녀왔다. 월세는 잘 내니까.

밤톨같이 야무지게 생긴 오토바이 가게 사장은 제날짜에 어김없이 온라인을 통해 꼬박꼬박 통장에 월세를 넣어주었다. 갈 때마다 애들 과자도 사다 주면서 고마워했는데 옆집 카페를 내보내라는 것이었다. 저녁만 되면 술들 먹고 싸우고 아무 데나 방뇨를 해대니 애들 교육상 안 좋아 카페와는 도저히 같이 지낼 수가 없다는 것이다. 안 내보내면 자기가 다른 데로 가겠다고 했다. 수시로 불만을 토해내더니 마침내는 정해진 월세의 3분의 2만 보내는 것이었다. 그래도 네 곳 중 가장 착한 세입자가 나간다기에 그러라고 깎아 줬다.

부동산 자리는 어떠했나.

2년 계약이 끝나자 기다렸다는 듯 급한 사정이 생겨 당장 시골로 가야 하므로 지금 보증금을 달라고 했다. 마침 들어오겠다는 사람이 있으니, 연결은 해주고 가겠다면서 그 사람과는 직접 계약을 하라고 했다. 계약 기간이 끝난 상태라 바로 돈을 내줬다. 며칠 후 비가 주룩주룩 내리는 일요일 아침에 새로 계약하려는 사람이라면서 전화가 왔다.

"월요일에 은행에서 돈을 찾아 정식 계약할 건데 사정이 있어 큰 짐 몇 개만 비를 피할 수 있게 우선 들여놓을 수 없겠습니까."

아주 교양 있는 말씨로 정중히 부탁했다. 이 비에 물건들이 젖으면 큰일이겠다 싶어 선선히 양해해 열쇠 있는 곳을 알려줬다.

다음날 가보니 책상 다섯 개가 들어와 있고 사람들은 많은데 사장이란 사람은 잠깐 나가셨다느니 출장 가셨다느니 하면서 나와 전화했던 사람은 없고 다 모르는 일이란다. 간판도 없지 이름도 모르지, 소개해 준 부동산도 자취를 감추어 버렸다. 분명 사람들은 많은데 나에게 열쇠를 받았다는 사람은 없었다. 난 유령과 전화를 한 것이다. 전화 몇 대를 놓고 장사하는 사람들인 듯 어딘가로 열심히 전화들을 해댔다.

그런 상태로 2년이 지났다. 참다 참다 화가 날 대로 난 나는 여분의 열쇠로 문을 열고 들어가 다른 열쇠로 바꿔버렸다. 그래야만 사장이 나서서 문제를 해결하리라 생각했기 때문이다.

그러나 그날 이후 난 힘없는 을이 되고 유령 사장은 갑 중의 갑이 되고 말았다. 내가 문을 잠그는 바람에 몇백만 원짜리 프로젝트가 날아갔으니 손해배상을 하고 영업방해죄로 위자료를 내라는 내용증명이 날아왔다. 2년씩이나 나타나지 않던 사장이 문을 잠그자마자 갑질을 해댄 것이다.

아무리 그들이 사기꾼들이어도 난 남의 집에 들어가 물건에 손을 댄 죄가 성립돼 법에 걸린다고 했다. 2년이 다 가도록 1원 한 장 못 받고 정신적 고통을 받은 내가 도리어 문을 따고 들어간 무단 침입죄에 해당하여 벌을 받아야 한단다. 법대로 하면.

내용증명을 보내온 주소와 이름을 가지고 그날부터 날마다 주스며 빵을 사들고 그 집을 찾아갔다. 처음엔 돌아가라는 소리만 듣고 왔는데 며칠 후엔 몹시 추운 날씨에 가엾었는지 부인이

"너무 추우니 들어와서 따뜻한 차라도 마시고 가요." 하고 권했다.

"남편은 지방에 가서 집에 없거든요. 법으로만 한다고 전하라더군요."

분명 집에 있는 것 같은데, 부부사기단일까. 할 수 없어 나도 남편과 형부를 동원했다. 공직에 있던 점잖은 사람들이 설득하니 그들에겐 우습게 여겨졌는지 꿈쩍도 하지 않았다.

이 소식을 들은 막냇동생이 광주에서 알고 지내는 주먹 다섯 명을 불러들였다. 법에 걸리지 않는 한도 내에서 그 집 앞에 가서 우렁차게 겁을 주니 드디어 사장이란 자가 나타났다. 바로 "우리 사장님은 출장 갔어요. 우리는 전혀 모르는 일이에요. 사장님이 들어오라고 해서 왔을 뿐인데요."라고 말하던 책상

주인이었다. 결국 임대료는 한 푼도 못 받고 처음 불렀던 위자료를 주고 해결했다. 번거로운 법원에 한 번이라도 갔다 온 사람에게는 위자료가 제일 값싸게 여겨졌다.

맘먹고 사기 치려는 사람을 이길 수는 없고 세상엔 이렇게도 나쁜 사람들이 있다는 사실을 실감한 사건이다. 선의의 배려가 고통을 주는 세상사랄까.

가진 만큼 신경 써야 할 일이 있다는데 월세 받는 만큼 나는 마음고생을 한 것 같다. 다달이 월세를 내야 하는 처지는 더 힘들고 괴롭기까지 하겠지만 월세 받는 사람도 쉽지는 않았다. 오만 정이 다 떨어졌는데 나 같은 사람이 또 있었는지 건물을 사겠다는 사람이 있다기에 얼른 팔아버렸다. 팔고 나니 전화만 어디서 걸려와도 또 무슨 일일까, 화장실이 막혔나 세입자들끼리 싸웠나 하고 신경 쓸 일이 없어 너무나 좋았다.

어퍼컷

인디언이 되었으면! 질주하는 말 등에 잽싸게 올라타, 비스듬히 공기를 가르며, 진동하는 대지 위에서 거듭거듭 짧게 전율해 봤으면, 마침내는 박차를 내던질 때까지, 실은 박차가 없었으니까, 마침내는 고삐를 내던질 때까지, 실은 고삐가 없었으니까, 그리하여 눈앞에 보이는 땅이라곤 매끈하게 풀이 깎인 광야뿐일 때까지. 이미 말 모가지도 말 대가리도 없이.

- 카프카의 단편, 「인디언이 되려는 소망」 전문

자유를 향해 출구를 찾고 싶은 피터(「빨간 피터의 고백」의 주인공)도, 희생만 하다 힘없이 죽어가는 그레고르(「변신」의 주인공)도, 간섭하고 지적해대는 아버지를 떼어내 버리고 최대의 복수를 하고 싶었던 게오르크(「판결」의 주인공)도, 무기력해도 삶 자체에 최선을 다해 순응하는 시골 의사도 모두 프란츠 카프카(Franz Kafka, 1883~1924)다.

말은 인디언이 제일 잘 탈 것이다. 카프카는 자신 있는 인디언처럼 광야를 달리고 싶다. 이래라 저래라 하고 간섭해대는 사람 없이 박차와 고삐에 구애받지 않고 자유자재로 말이 되어 이 삶을 호기 있게 살아가고픈 카프카다. 사실 박차나 고삐가 없다면 게다가 모가지도 없다면 어떻게 달릴 수 있을까. 지금으로 말하면, 박차는 자동차의 엑셀이고, 고삐는 핸들이다. 엑셀과 핸들이 없어도 달리겠다는, 탈출하겠다는 카프카의 의지가 명확히 아주 짧은 문장에 집약된 걸작이다.

아버지를 미워하면서도 의존할 수밖에 없는 자신이 답답하여 스스로 광야를 헤쳐 나가는 용감한 인디언이 되기를 갈망한다. 자유자재로 비스듬히 말을 타기도 하고 뒤로도 타보고 엎드려서도 타보며 신나게 광야를 질주하고픈 그다.

자유롭지 않은 카프카,

미로 속에서 출구를 찾지 못하고 숨이 막혀가는 카프카,

지적하는 사람 없이 고고한 자기만의 세계에서 으라차차, 혼자서 삶을 향해 나아가고 싶다는 소망으로 전율해 보고 싶은 것이다. 그 앞에 거침없고 매끈한 광야만이 펼쳐지리라.

방해꾼 없는 삶에서 오로지 카프카 자신이 말이 되고 광야 자체가 될 것이다. 이쪽으로 갈까 저쪽으로 갈까 망설임 없이 저절로 살아가는 자신을 드디어 볼 것이다.

얼마나 시원하고 통쾌할까.

어쩌면 요즘의 젊은 남자들 대부분이 저런 마음을 머금고

살아가지 않을까. 아들들은 아버지의 기대를 뛰어넘기 어려워, 부담감에 잔뜩 짓눌려 평생 어깨가 무겁다. 기대에 부응하려고 발버둥 치다가 기가 이미 소진되어 버린 상태다. 뜻대로 살기 힘든 전쟁터에서 지쳐 돌아오면 집에서 기다리는 약탈자가 또 눈을 부릅뜬다. 그가 가장 무서워하는 아내는 하인 부리듯 잔 심부름거리를 만들어 놓았다가 교묘히 부려먹는다. 사소한 결정마저도 여자에게 허락받지 않고는 내리지 못하는 의존적이고 헌신적인 요즘 남자들, 약하고 힘없는 젊은 사내들은 생존의 위협을 느끼며 요새 여자들은 다 그런다더라 하면서 쉽게 순응해 버린다. 멋들어지게 말 달리는 인디언이 되고픈 욕망을 꿈으로만 꾸면서.

참다 지치면 곤충처럼 왜소해지고 자멸하여 이슬처럼 사라지고 말든지 그나마 용기가 조금이라도 있다면 다리 난간을 뛰어넘을 것이다. 이것도 저것도 아니면 자기가 만들어 놓은 법의 테두리 안에서 자기합리화나 하면서 쭈뼛거리다 이념도, 정체성도 없는 인생을 이어갈 것이다. 어찌 젊은 사내들뿐이겠는가. 가해자 대열에 앞다투어 서 있는 여성들도 예전에는 갖은 위협과 폭력 앞에 순응을 강요당하며 자유롭지 못했다. 세상은 항상 변하며 굴러간다. 또 어떻게 변해갈지 모른다. 백 년 전 카프카가 살았던 시대나 지금 이 시대나 앞으로 또 백 년 후에도 '남녀 카프카'는 여전히 존재할 것이다.

불과 삼사십 년 전만 해도 그녀들은 요즈음의 젊은 남자들처럼 자유와 출구를 찾지 못하고 순응하는 방식을 좇아 타인을 위해, 타인에 의해 살았던 것이다.

살아가면서 사람은 자기보다 약한 자를 사정없이 가해하고픈 잔인한 욕망을 발휘할 때가 있다. 상대를 밟으면서 자기의 존재감을 키워 나가는 인간들이 얼마나 많을까.

잔혹한 세상에서 누구든 도망가고 싶을 때가 있을 것이다. 삼사십 년 전 여자들도 말을 타고 우주를 향해 달려 나가고 싶었다. 실행할 용기가 없었고 혼자서 살아갈 힘을 갖추지 못했기 때문에 긴 세월을 슬프게 살았다. 카프카처럼 벌레로라도 변신해 사라져가고 싶지 않았을까. 그녀들이 살아온 삶들은 탈출하지도 못하고 스스로 시도조차 못 하다 벌레처럼 사라져 갔는지도 모른다. 스스로 찾지 못하는 출구는 아무도 그녀들에게 열어 주지 않았다.

어느 날 운명이 나타나 사소한 일에 눈을 부릅뜨고 그녀들을 다그칠 수도 있었다.

도망가던 쥐도 막다른 골목에선 뒤돌아 고양이를 문다.

참기만 했던 당신은 드디어 폭발한다. 더 이상 이성적일 수가 없다. 분노를 참을 수 없어, 조절이 안 되어, 어떤 방식으로든 부조리한 운명에 한 방 먹이고 싶은 강한 충동을 느꼈다. 최악을 상상하며 잠간 숨을 고르고, 어리바리한 권투선수가 헤비급 상대 선수를 어퍼컷 한 방으로 쓰러뜨리는 모습도 떠올린다.

카프카는 복수가 아니라, 탈출을 희구했다. '매를 맞던 삼사십 년 전 그녀들'도 탈출을 원했다. 그들을 가두는 운명을 향해 있는 힘 다해 '자신들'을 가두는 싸늘하고 단단한 무쇠 감옥을 부수는 어퍼컷을 날렸다. '나'를 가두는 운명을 향해, 있는 힘을 다해 주먹을 느낌표를 붙여 힘껏 날렸기에 그녀들의 딸들이 오늘날의 가해자로 둔갑하여 웃고 있는 것은 아닐까.

3

사랑보다 높은 것이 있어

질투는 늙지 않는다

볏단 나르기

돈과 딸

사랑보다 높은 것

유심히

홀연히

잠은 꼭 집에서 자겠습니다

그런 연애 한번 해 볼걸

6인실

수행자처럼

전안례

질투는 늙지 않는다

어찌 된 사연인지 홀로 딸 하나 키우며 살던 박 여사는 하필이면 일본인 사위를 보았다.

외동딸이 신랑 따라 일본으로 가버리자 그녀는 재산 일부를 정리하여 값비싼 실버타운으로 들어갔다. 고급스러워 살기 편하고 음식을 마음껏 골라 먹을 수 있어 좋다며 만날 때마다 자랑을 많이 했다. 어차피 혼자는 못 사니 사람들과 더불어 살게 돼 다행이라며 텅 빈 집을 나섰다. 그러다가 반년쯤 지나자 도저히 못 살겠다며 도로 나왔다.

아니, 쫓겨났다는 말이 맞을 것 같다. 명랑한 성격에 나이도 그곳에서 제일 젊은 60대 초반이라는 것이 문제였다. 박 여사가 들어가자 먼저 입주해 있던 영감님들이 갑자기 몰려다니기 시작했단다. 그녀를 중심으로 뭉쳐서 탁구대회도 하고 헬스장에서 근력 운동도 열심히 했다. 산책도 다 같이 하고 시국 이야기도 하며 즐겁게 지냈다. 그녀는 노인네들이라서 별생각 없이 어울렸단다.

여기서부터 문제가 생겼다. 부부가 함께 들어간 사람들은 부부싸움을 하기 시작했다. 홀몸인 할머니들은 영감들이 자기보다 젊은 여자를 좋아하니 심사가 뒤틀려 서로 싸우기 시작했다. 마치 여왕벌이나 된 듯 박 여사는 신이 났었나 보다. 혼자 살면서 생활전선에서 남자들을 다루는 방법을 알았던 사람이니 아마 분위기를 능란하게 조정했으리라. 정작 사달이 난 것은 할머니들 쪽이었다.

어느 날 자식들 대표라는 어느 며느리가 그녀와 만나자며 면담 요청을 해 왔다.

"아주머니 때문에 우리 시어머니에게 화병이 생겼는데 어떡하실 거예요?"

다짜고짜 눈을 치켜뜨며 따졌다.

"우리 시아버지가 아주머니에게 혹해서 시어머니를 거들떠보지도 않는단 말예요."

이런 집들이 여럿이라면서 책임지라고 했다. 할머니들이 자식들의 힘을 빌려서까지 그녀를 쫓아내려 뭉쳤던 것이다. 사무실에다 그녀를 내보내지 않으면 자기들이 모두 나가겠다고 데모를 했단다. 봉사 정신을 발휘한답시고 영감님들과 놀아주다 그녀는 결국 실버타운에서 쫓겨났다며 상황설명을 했다. 거기서 건질 영감이라곤 하나도 없었건만 할마씨들의 질투는 상상을 초월하더라고 깔깔 웃었다.

얼마나 눈치 없게 설쳤으면 그 지경으로 쫓겨 나왔을까.

아버지는 요양원에서 한 달을 계셨다.

의사인 동생이 결정한 일이라서 '그런가 보다' 하고 수긍하고 우리 부부는 자주 가보게 됐다. 한 방에 여섯 명씩 들어가 있는데 먼저 입소한 노인들은 눈에 초점이 없었다. 아버지를 휠체어에 태워 운동시키려고 위아래층을 몇 번 다니다 보니 부부가 같이 들어온 경우도 있는 것 같았다. 여자들은 3층, 남자들은 4층으로 노인들을 관리하기 좋게 나눈 것 같았다. 공동 거실은 4층에 있었다. 자유 시간에 모여 TV를 보는 곳이다. 걷지도 못하는 팔십 중반의 노인이 휠체어에 앉아 한 할머니에게 험상궂은 얼굴로 소리를 질러댔다. 지나치게 간섭하다가 야단을 맞는 것 같았다. 할머니는 비굴한 표정으로 고개까지 숙이며 미안한 듯 감내하고 있었다.

몇 바퀴 돌다 보니 아까 그 할아버지가 아주 온화한 얼굴로 다른 할머니에게 다정한 웃음을 지으며 사랑스러운 눈길을 보내고 있었다. 오메! 아까 소리 지르던 그 할아버지 맞아?

그때였다. 갑자기 어디서 나타났는지 조금 전에 고분고분 야단맞던 할머니가 이번엔 할아버지에게 고래고래 소리를 질렀다. 필시 다른 할머니에게 다정하게 대하는 꼴을 본 마누라님의 험상궂은 모습이리라. 제 몸 하나 건사하지 못하는 노인네를 두고 늙어도 질투만은 저렇게 늙지를 않는구나 싶어 한참을 쳐다봤다.

남의 할머니에겐 고운 미소로 말을 걸어보려고 애쓰는 할아버지는 바람피우는 습관을 그 나이에도 버리지 못한 걸까. 남자란 죽는 날까지도 남의 여자가 예뻐 보이고, 위아래층을 오가며 감시를 하는 또 한 사람은 저렇게 서슬 퍼렇게 질투해대고 있는 건가.

한 달이 되어가니 아버지의 눈에도 초점이 없어져 갔다. 저녁에는 재워야 하니 단체로 수면제를 먹여서 저런 표정이 나오는 거라고 보호자 중의 누군가가 말해 줬다. 노인들이 밤에 잠을 안 자고 소리를 질러대니 착하게 조용히 자라고 일률적으로 수면제를 먹인다고 했다. 그 소리를 들으니 이게 바로 고려장이라는 생각이 들어 그날로 아버지를 퇴원시켜 모시고 나와 버렸다.

아버지는 우리 집 근처에 아파트를 얻어 연변에서 수학 선생을 했다는 고운 간병인을 곁에 두고 흐뭇한 눈길로 지내시다 돌아가셨다. 여복이 많은 아버지는 돌아가시기 전날 자식들을 빙 둘러보시다가 그녀에게만 잠시 시선을 멈추시고 고맙다는 듯 쳐다보셨다. 아버지의 마지막 사랑일 것 같았다.

걷지도 못하던 요양원의 그 영감님은 아직도 아내 아닌 다른 할머니에게 친절하게 웃으며 말을 걸어대고 계실까. 그 모습을 관리하느라 반려자이신 할머니는 위아래층을 아직도 오르내리고 있을는지 모르겠다. 그분들도 지금쯤은 이 세상을 하직하셨을 것도 같다.

3-사랑보다 높은 것이 있어

볏단 나르기

「의좋은 형제」라는 동화가 국민학교 교과서에 실려 있었다. 같은 논에 벼를 심은 형제가 가을이 되자 벼를 베어 논 양쪽 끝에 각자의 낟가리를 쌓는다. 형은 새살림을 차린 동생에게 벼가 더 필요할 것 같아 밤에 동생 낟가리에 볏단을 옮겨 준다. 동생도 식구 많은 형이 자기보다 벼가 더 필요할 것 같아 형의 낟가리에 몰래 자기 볏단을 옮긴다. 아침에 보면 어제와 변한 게 없는 낟가리를 보고 두 사람은 의아해한다. 밤이 되면 둘은 또다시 볏단을 서로의 낟가리로 옮긴다. 며칠 동안 밤마다 볏단을 나르다 달빛이 환한 날 서로 마주쳐 얼싸안는 장면을 그린 삽화가 또렷이 기억난다. 어린 나이에도 잊히질 않았다. 「흥부전」과는 달리 서로 형제를 생각하는 마음이 똑같아 감명 깊었던 것 같다. 그 후로 나도 육 남매가 뭘 먹을 때 부족한 것 같으면 형제들에게 곧잘 양보했었다. 제주에서 혼자 떨어져 살았던 기억에 식구의 소중함을 일찍 알아버린 것일까. "내붑서. 아이들이나 줍서게. 난 안 먹으쿠다(놔두세요. 애들이나 주세요. 난 안 먹을래요).” 내가 한 이 말을 오랫동안 아버지는 되뇌어주시며 나를 "우리 착한 딸"이라고 부르셨다.

　요사이도 보기 드물게 우애 있는 집들이 있다. 조금 더 잘 사는 형제가 품어 안으면 모두 의가 좋아지는 것 같다. 나이 들어가다 보니 이런 의좋은 형제들을 보면 부럽기도 하고 존경스럽다. A의 형제들이 그랬다. 의사, 변호사, 잘나가는 사업가도 있어 형제들이 균등하게 잘 사는 것 같았다. 특히 큰오빠는 자신이 어머니에게 장남으로서 특별대우를 받았으니 어머니 소원이었던 자식들의 우애를 책임져 형제들을 모두 잘 돌보아 은혜를 갚겠다고 입버릇처럼 말했다. 큰오빠는 해마다 자기 아내와 함께 여동생들에게 해외여행을 하게 해주었다. 철 따라 옷도 사주고 생일날엔 고급음식점에서 밥도 사주었다. 말하자면 너희들 뒤에는 이 오빠가 있다는 것이다. 시집에서 이런저런 눈치 보지 말고 당당하게 여행 가라며 울타리 역할을 확실하게 해줬다. 오빠가 없는 나 같은 사람들은 A를 많이 부러워했다. A의 언니도 부모님 대신 집안의 대소사에 발 벗고 나서서 해결사 노릇을 했다. 가족을 사랑하는 마음이 한결같아 형제를 위해서 희생과 헌신을 많이 한 셈이다. 작은오빠는 차분하고 말이 없는 성격에 형이 시키는 집안일을 깔끔하게 처리하여 식구들은 모두 그를 미더워했다. A는 취미로 앤티크를 수집하다가 아예 사무실을 내서 비싼 찻잔 등을 사고판다. 형제들에게 협조를 잘하며 중간 역할을 잘해 좋은 분위기를 조성하는 셈이었다.
 원래 A의 친정은 동네서 부자라 했다. 돈 많은 사람들이 한다는 정미소도 하고 양조장도 운영했기에 땅을 많이 사놓았나 보다. A의 아버지는 고지식하여 다섯 자식을 월급으로 빠듯하게 공부시키느라 고생하면서도 고향의 땅을 하나도 팔지 않았다. 할아버지 재산이 고스란히 아들을 거쳐 손자들에게 상속될 판이었다. 그 땅들이 갑자기 개발된다는 발표에 땅값은 천정부지로 올라갔다. 주위에선 부러움과 시새움으로 그 형제들을 지켜봤다. 누군가는 욕심을 부려대지 않을까. 아니 욕심이 안 나는 사람은 없을 것이다. 재산 앞에서 우애 있고 사랑하던 형제들은 어떻게 변해갈지, 지금까지처럼 아무 일 없이 편안한 모습들일까 궁금해지는 것이다.

 인간을 본래 착하다고 할 수 있을까. 권력과 돈에 대한 욕망 앞에 끝까지 착하게 살기란 쉽지 않다. 동서고금을 다 둘러봐도 결국은 의리를 끝까지 지키지 못하게 하는 것이 돈이며 권력이 아닌가 싶다. 특히 돈 앞에서는 우애도 사랑도 한 줌 흙만큼의 가치도 갖지 못하고 버려지는 경우가 대부분이다. 원래 형제는 적이라고 했던가. 재산이 없었더라면 이 형제들은 끝까지 우애를 지키며 잘 살아갔을지도 모른다.
 엄마의 유언을 받들어 형제들의 우애를 지키겠다는 큰오빠의 약속은 어느 사이 조금씩 변해가는 것 같았다. 워낙 액수가 커지니까 치밀한 작은오빠를 앞세워서 자기 욕심을 채우기 시작했다. 땅을 독점하고는 법을 잘 아는 둘째 탓으로 돌리며 여동생들에게 핑계를 댔다. 작은오빠는 집사 노릇을 하면서 현금뿐 아니라 돈이 되는 부동산들을 형과 나누어 차지했다. 변호사로서의 지식을 이용해 문제 되지 않도록 손을 써두었다. 필요한 데가 있으니 인감증명 하나씩 떼어오라는 말에 세 자매는 인감증명을 그냥 떼어 줬다고 했다. 이것이 화근이 되어 고스란히 당하는 수밖에 없었다. 요새는 딸들에게도 똑같은 비율로 상속이 가능한 시대인데 살 만큼 살면서 왜 그렇게 욕심을 냈을까.

자매들은 뒤늦게 억울함을 토로하고 제 몫을 찾으려 했다. A는 마치 투사라도 된 듯한 기세로 마지막 권리를 찾기 위해 무엇이든지 하겠다고 날뛰는 것 같았다. 막냇동생은 이미 엄마에게 아파트 한 채를 받아둔 덕분에 여유로웠으므로 억울해할 이유도 없었다. 부러웠던 다섯 남매는 어디 가고 땅 앞에서 그렇게들 하나같이 변해버렸다.

욕심 많은 사람은 어떤 상황에서도 손해 보지 않는다. 힘이 달리고 저력이 없는 사람은 자기의 역량이 부족하니 어쩔 수 없이 지게 된다. 유산이 없는 집은 서로 아끼고 사랑으로 뭉치지만 단돈 천만 원만 있어도 형제들은 싸운다고 한다. 그러니 재벌들은 오죽할까. 형제의 난, 송사가 가끔 매스컴을 장식한다. 이것이 인간들의 삶이고 공식이다. 어느 집구석이라도 있음 직한 인간사다. 상속 때문에 절연하여 원수처럼 지내는 형제들이 주위에 많다. 소중한 자식들이 돈을 사이에 두고 싸우는 것을 저세상에서 바라보는 부모 마음은 어떨까. 아마 그들도 자기 형제들과 밭떼기 하나 때문에 척졌을지도 모르겠다. 형제의 볏단을 교묘히 빼앗아 자기의 낟가리에 더하여 하늘 높이 쌓아 올리고 싶은 작금의 탐욕은 카인 탓일까. 놀부 탓일까.「의좋은 형제」를 쓴 동화 작가는 지금 다시 동화를 쓴다면 어떤 식으로 쓸까.

A는 돈도 돈이지만 그렇게 잘해주던 오빠들이 돈 앞에서 자기들을 어이없이 배신했다는 사실에 괴로워하는 듯했다. 상한 마음이 병이 될까 걱정이 됐다.

돈과 딸

두 달에 한 번 만나는 모임이 있다. 비교적 솔직한 대화들을 하기에 꾸준히 만남을 이어가고 있었다. 이번 달에 나가 보니 한 회원이 갑자기 폐에 혹이 생겨 수술을 받았다고 했다.

핼쑥한 얼굴이 두 달 전보다 훨씬 늙어 보였다. 수술한 지 열흘째 되는 날인데 심심하고 우울증이 걸릴 것 같아 불편해도 바람도 쐴 겸 나왔다는 것이다.

언제나 기운이 넘치고 항상 재력과 아들 자랑을 하는 사람인데 폐를 수술해서 그런지 목이 쉬고 말하는 것조차 힘들어 보였다. 말하다 말고 순간 눈물을 글썽이면서 늙으면 돈과 딸 두 가지가 꼭 필요하다는 것이었다. 이 사람에겐 돈은 아주 많으나 꼭 있어야 한다는 딸은 아쉽게도 없고 아들만 둘 있다.

바로 얼마 전까진 배우자와 본인이 건강해야 하고 돈, 친구, 취미가 필요하다고 했던 사람이다. 큰 수술을 한 번 하고 나더니 말이 바뀌었다. 돈과 딸! 정말 이 두 가지만 있으면 될까?

30년 전만 해도 딸만 있으면 기가 죽어 눈치를 보곤 했는데 어쩐 일인지 요사이에는 딸 가진 엄마들이 더 기세등등하다. 유행이랄까, 드라마에서도 여자들이 득세하고 남자들이 여자들에게 쩔쩔매는 모습만 보여주는 풍조라 젊은 여자들은 경쟁이나 하듯이 남자들을 부려먹는다. 말발이 서지 않는 아들들의 모습을 보고 아들만 있는 엄마들도 덩달아 어정쩡한 태도를 취하는 것 같다.

그 여성은 얘기를 이어갔다. 병원에서 온종일 누워 있다 보니 심심하고 사람이 그리웠으나 며느리는 저녁에 퇴근하는 아들을 앞장세우고 와서 잠깐 너스레를 떨다 가더라는 것이다. 긴긴 낮에는 코빼기도 안 비치다가 아들 앞에서만 '어머니, 어머니' 하면서 립 서비스를 하더라는 것이다. 본인은 아들과 며느리를 금쪽같이 여기고 있는 정성, 없는 정성 다 바쳤건만 너무 서운했다는 것이다. 딸이라면 그랬겠냐고 했다.

그런데 가만히 들어보니 말할 때마다 딸보다는 돈을 꼭 먼저 말한다. 딸과 돈 중 그녀에겐 돈이 먼저인 것 같다.

옆에 돈이 궁한 사람이 있어도 아랑곳하지 않고 두 아들에게 큰 평수의 아파트와 외제 차를 사줬다느니, 며느리에게 명품 옷을 사줬다느니 하며 모이기만 하면 노상 돈과 잘나가는 아들 자랑만 하더니 웬 눈물 바람일까? 본인은 며느리에게 마음을 다하는데 며느리는 받을 것만 받고 마음을 주지 않는 것이 그렇게 섭섭했던 것 같다. 지금도 이 정돈데 본인이 언젠가 걸을 수 없을 때는 챙길 것은 다 챙긴 며느리가 값싼 요양원에 버릴 것 같다는 상상을 하고서 두려워하는 것이었다.
 그때 오늘의 이야기가 바로 자기를 두고 말하는 것 같다면서 한 부인이 이야기를 시작했다.

 그녀는 부잣집 외며느리로서 평생을 호강하면서 사는 사람이다. 외아들에게 시집가서 삼 남매를 낳으니 시부모의 사랑이 대단했다. 그지없이 풍족하게 살아가고 있기에 우리에게는 부러움의 대상이었다. 시아버지가 돌아가신 후 그 시어머니는 워낙 베풀어 먹이기를 좋아하는 성격 때문에 주위에 사람들이 항상 많아 어머니 곁에서 시중도 들어주고 서로 챙기며 재미있게 살고 있었다 한다. 그런데 세월이 흘러 주위 사람들이 다 죽고 시어머니 혼자 남았다는 것이다.
 달랑 도우미 혼자서는 보살피기가 어려울 것 같아 모든 것을 정리하고 어느 실버타운이라는 좀 수준 있는 요양원에 모셨다고 했다. 잘 걷지를 못하니 어쩔 수가 없었다는 구실이다. 그런데 시어머니가 요양원에 적응하지 못하고 자꾸 소동을 일으켜 몇 번 감금까지 당하는 일이 생겼다. 마지막은 아들네 집에서 죽고 싶다며 아들에게 보내달라고 악을 써댄다는 것이다. 구십이 넘은 노인네로서는 당연한 소망이리라.
 그러나 본인은 젊었을 때도 같이 살지 않았던 시어머니인데 이제 다 늙어 시어머니와는 죽어도 한집에서는 못 살겠다는 것이다.

3-사랑보다 높은 것이 있어

요양원의 호출을 받고 간 자리에서 시어머니와 눈을 마주치면 입장이 곤란하니 남편 등 뒤에 서서 딴 곳을 쳐다보다 얼른 돌아왔다고 했다. 아들에게 제발 집에 데려가 달라고 애원하는 어머니에게 그들 부부는 어머니가 지내실 방이 없다며 딱 잘라 거절하고 왔다는 것이다. 평생 부모덕으로 호의호식한 외동아들인 그 남편은 어떻게 노모의 마지막 소원을 뿌리칠 수 있었을까. 아내의 눈치만 보고 있다가 나중에 그 후회를 어찌 감당할까. 그녀도 그냥 돌아오자니 시어머니가 불쌍한 마음은 들더라고 했다. 친정엄마였다면 아마 모시고 나왔을 것 같다고 했다. 딸 입장이 되면 맘이 바뀔 수 있다는 것이다. 그래서 딸이 꼭 필요하다는 걸까.

그 자리엔 유난히 아들만 있는 사람이 많아 자기들 일인 듯 가슴이 먹먹해졌다. 다들 속으로 화가 나는 표정들이다. 평생 받은 사랑과 원조는 갚아야 하는 것이 기본이라고 생각하는 것은 나만의 생각이 아닌 것 같았다.

그러면 딸들은 다 효녀일까.

가만히 듣고 있던 다른 회원도 자기 고모의 이야기를 시작했다. 돈 많고 딸이 둘씩이나 있는 고모가 지금 중풍에 걸려 시설에 가 있는데 의식은 생생해서 딸들이 자신을 버렸다는 사실을 다 안다는 것이다. 말을 못 하지만 그렁그렁 슬픈 눈물을 짓는다고 했다.

어머니의 재산이 탐난 큰딸은 어머니를 잘 모시면서 전 재산을 갖기로 하고 친정에 들어갔으나 어머니가 중풍에 걸리자 곧바로 요양원으로 보내버리고 자주 찾아가지도 않는다고 했다. 작은딸은 그러는 언니가 간병은 안 하고 돈만 가로챘다고 비난하며 서로 원수가 되어 자매끼리 소송 중이라는 것이다. 딸 있다고 큰소리칠 것도 아니더라고, 딸만 있는 그 사람은 힘없이 말했다.

그래도 돈이 있으니 요양원에라도 보내지 돈이 없을 때는 어찌 될 것인가.

결국은 며느리나 딸이나 똑같다는 얘기다. 아들이냐 딸이냐의 문제가 아니라 그런저런 모든 것이 자기의 말년 복에 달렸다고 다들 결론을 내리고 있었다.

자식들의 마음이 시키는 일이니 부모를 제대로 섬기지 못해도 감수해야 할 뿐 도리가 없을 것 같다. 각자 자신들이 부모님에게 어떻게 했을까 뒤돌아보면 자식들이 어찌할지 답이 나올 것도 같지만 아들도 없고 딸도 없는 사람은 어쩌란 말인가.

돈과 딸이 있어야 한다는 말도 한물갔다고 누군가가 말했다. 최근에 유행하는 말은 아들딸 다 필요 없고 돈과 도우미만 있으면 된다는 것이다. 효孝가 부재라는 말인가.

아이고, 모르겠다. 아들 하나 있는 나의 말년은 어떻게 전개될까.

사랑보다 높은 것

　언제나 당당하고 활력이 넘쳐 스포츠센터에서 구심점 노릇을 하는 형님이 있다. 연세가 팔십이 넘었어도 비상한 기억력과 우렁찬 목소리로 회원들의 맏형님 노릇을 하는 분이다. 그러던 어느 날 갑자기 영감님이 돌아가시자 형님의 다리는 흔들리고 눈동자까지 떨리는 것 같았다. 식음까지 전폐해 버린 듯해 집 밖으로 끌어내기 위하여 그녀와 친한 두 형님을 초대해 같이 점심을 먹었다. 형님은 자리에 앉자마자 울먹거리며 빨리 죽고 싶다고 했다. 평생 자신을 배려하기만 한 남편이 너무 불쌍하단다. 따뜻한 점심 한번 해주지 않고 사방천지를 돌아다니기만 한 철없는 아내였다고 눈물로 후회하며 괴로워한다. 그녀의 카리스마 넘치는 파워는 뒤에 버티고 있었던 남편의 지지와 응원 덕분이었던가.
　"워낙 아저씨가 애처가였기에 형님이 힘드신가 보네요. 시간이 가면 좋아질 거예요."라며 달래 보았다. 둘째 형님이 끼어들었다.

"아니야, 우리 영감은 3년 반 동안 캐디랑 바람을 피워 뱀처럼 징그러웠는데도 죽고 나니 나도 많이 보고 싶어지더라."
그러면서 술술 자기 이야기를 시작했다.

하나 있는 아들이 공부를 잘해 서울대학교에 보내고 싶은 일념이 생겼다고 했다. 저녁때는 이 학원 저 학원으로 운전해서 데려다주며 모든 일을 접다시피 하고 밤늦게까지 아들에게만 전념하던 시기였다. 그 기간에 남편은 마음 놓고 바람을 피웠다는 것이다.

어느 날 젊은 여자가 상의할 일이 있다며 만나자고 하더란다. 자기를 소개하면서 그녀의 남편과 3년 반 동안 동거했다고 실토했다. 사랑이 아니고 가난 때문에 경제적 도움을 받고자 만났을 뿐이니 용서해 달라고 했다.

"제발 이제는 사장님이 저를 찾아오시지 않게 단속 좀 해주세요. 집에 오지 못하게 별수를 다 써도 실패해 마지막으로 이렇게 사모님을 찾아왔어요."
같이 온 엄마라는 사람이 이제는 딸에게 서로 사랑하는 사람이 생겼다고 말하며

"부탁드립니다. 제발 우리 딸, 새 출발 할 수 있게 도와주세요."
오죽 다급했으면 엄마랑 왔겠느냐며 두 손으로 비는 시늉까지 하더란다.

"초희 없으면 난 못 살아, 여보, 다시 만날 수 있게 좀 도와줘. 당신이."

남편에게 자초지종을 얘기하니 대뜸 그런 말을 하더란다. 청천벽력이 이런 것이구나. 열심히 살았건만 모든 것이 허사구나, 눈앞이 캄캄해 기절하는 줄 알았다 했다. 불면증과 화병에 걸려, 이혼하려 생각하며 남편에게 굴욕적인 무시로 대응은 했지만, 자식에게 해가 될까 봐 쇼윈도 부부로 살았다고 했다. 아끼고만 살았던 그녀가 그때부터 돈을 많이 쓰기 시작했고 남자를 만나려고도 생각했으나 차마 그러지는 못했다고 했다. 평소에 이 형님은 모든 사람이 다 자기를 좋아한다고 말하고 다닌다. 사람을 가리지 않고 만나면서 밥을 사고 싶어 한다. 마음이 얼마나 허했으면 그러고 다녔을까. 좀 과하다 싶었는데 이렇게 힘든 사연이 있었는지는 몰랐다. 결국 몇 년 후 남편이 중풍에 걸려 2년을 고생하다 죽었다고 했다.

"근데 형님, 그런 아저씨가 지금 보고 싶소?"

"그럼, 외로울 땐 그래도 있을 때가 더 좋았구나 하는 생각이 들어. 사람한테는 말이야, 사랑보다 더 높은 것이 있는 거야."

"미운 남편이었지만 아프니까 얼마나 불쌍한지 몰라. 용서까지는 아니더라도 한때 나에게 잘해 준 것들만 떠올랐어."

지금은 업어주고 예뻐해 준 기억만 남았다고 했다. 자신에게 잘해준 언행을 다른 여자에게 똑같이 했으려니 생각하면 너무 힘들었는데 자기를 사랑할 때만큼은 정성을 다했다는 것이다. 사람은 한 때라도 자기를 좋아해 주고 소중히 여겨 준 사람은 배신했어도 잊지 못하는 것 같다. 이 형님은 어느새 보살이 다 됐나. 가장 어렵다는 용서는 물론 오히려 가엾어하고 측은히 여기며 보살펴줄 수 있는 보살행, 고귀한 관점으로 전환하여 인욕바라밀을 행한 형님.

역시 역경을 겪은 사람은 이렇게 자기 나름의 어록을 남길 수 있나 보다.

조용히 웃으며 먹고만 있는 셋째 형님도 오래전부터 혼자 살고 있다.

"형님은 그런 사건 없었수?"

"응, 없었제. 글지만 고것은 모르는 일이어야. 우린 지방에 살았응께 서울에서 감사가 내려오믄 그 시절은 꼭 색시를 붙여 줘야 했어야. 남편은 자기를 믿으라고 함시로 자긴 다른 방에서 기다림서 얼마나 지겨웠는지 아냐고 하는디 그냥 믿었제. 어쩌것냐?"

찔끔거리며 울고 있던 첫째 형님이 끼어든다.

"니 남편도 남자 꼭지인데 그냥 왔겠냐? 그걸 믿었다고?"

아뿔싸, 이러다 싸울 수도 있겠다 싶어

"형님네는 그런 일은 없었겠네, 워낙 아저씨가 형님만 위하고 다녔으니."

3-사랑보다 높은 것이 있어   159

하고 초점을 다시 큰 형님으로 얼른 넘겼다.
"난 모르지. 그랬는지 안 그랬는지는. 아무튼 들킨 적은 없었으니까."
큰형님이 자신 있게 절대 그런 일은 있을 수 없다며 확고한 신뢰를 표현했다. 강한 믿음의 의지가 보였다고 할까.

사실 생전에 나는 그 형님의 남편이 음식점에서 다른 여자랑 밥 먹는 장면을 두 번이나 봤다.
가까이 가보니 두 번 모두 젊은 여자들이었는데 서로 다정하게 반말을 쓰고 있었다. 워낙 남편 자랑을 하는 형님이라 잘못 입을 열었다간 뒷감당이 안 될 것 같아 못 본 척 했다. 일 년에 두 번쯤은 아내의 친구들에게 좋은 곳에서 밥을 사주며 아내를 잘 부탁한다는 남자인데 아니겠지 하고 넘겨 버렸었다. 순간 '이 사실을 지금 말해주면 저 형님이 죽겠다고는 안 할 텐데 말해버릴까….' 하고 0.1초 동안 눈알을 번득이다 얼른 입을 꾹 다물었다. 모든 슬픔도 시간이 데리고 갈 건데 평생 갚지 못할 사랑 타령을 하는 지금의 애잔함이 의심과 분노보다는 나을 것 같았다.
아무리 한순간 사랑해서 결혼한다고 해도 몇십 년을 변치 않고 오래 살기란 실로 어려운 일이다. 하여 한 쪽 눈을 감아주며 나만 모르게 하라는 말일까. 바람을 피우면 누구든 나쁜 사람이지만 들키면 훨씬 더 나쁜 사람이란다. 배우자의 가슴에는 어떠한 치료도 소용없는 큰 상처가 날 것이다. 이렇게 아무렇지도 않은 듯 남의 일처럼 감정 없이 이야기해도 그 세월은 무척 힘들었겠지. 못된 남편이라도 그냥 옆에 있었으면 좋겠다고 하는 걸 보니 어째 짠하다. 사람들은 시간이 지나면 나쁜 기억은 버리고 아름다운 추억만 안고 담담히 살아가는가 보다.

형님들은 부처님도 돌아앉는다는 배우자의 외도까지도, 지나온 과거는 무엇이든지 용서할 수 있다고 했다. 사람은 외로움을 견디는 것이 훨씬 힘들다는 뜻이다. 현재 그녀들에겐 외로움이 가장 두려운 현실인 것 같다. 혼자 남겨진 집에 들어가자니 적막하고 밖으로 돌자니 힘이 달린다고 했다.

"얘, 너는 그런 거 알려고도 말고 무조건 있을 때 잘해라. 뭐니 뭐니 해도 남편이 없어지니까 기가 다 빠져버리고 진정한 고아가 되는 것 같더라."

둘째 형님이 나한테 하는 말이었다.

밉든 곱든 남편이 뒤에 버티고 있어야 한단다. 기가 빠져 사는 것은 죽느니만 못하다고 했다. 언젠가 나도 이 형님들처럼 인간 본연의 외로움과 두려움에 눈과 다리가 떨리지 않을까. 싸우더라도 같이 살며 의지하고 쓸데없는 말이라도 할 수 있는 지금이 가장 좋은 날이란다.

유심히

1.
　무언가를 기다릴 때는 어느 한 곳에 시선을 둔 채 멍하니 쳐다본다. 특히 외식할 땐 음식이 나오는 동안 먼저 먹고 있는 사람들이 나의 안테나에 걸려든다. 식당 안을 휘둘러보다 무심히 한 팀에 시선을 고정한다. 아들은 나의 그런 습관에 핀잔을 준다. 사람들이 다 느끼고 있다면서 예의에 어긋난다나. 엄마가 남들을 빤히 쳐다보고 있으면 창피한가 보다. 아들 말마따나 별로 우아하지 못한 행동이기는 하다.
　요즘은 무슨 미식회라든지 먹는 걸 보여주는 프로그램이 많다. 눈만 뜨면 아침부터 저녁까지 먹방 일색이다. 온 국민이 무엇이든지 다 먹어 치우고 말 것 같다. 보고 있노라면 궁금하면서도 염려가 든다. 형편이 어려운 사람들에게 비싼 재료로 만든 음식을 먹는 모습을 날마다 보여주는 것은 잔인한 일 아닐까. 유명 인기인들이 과장하며 먹어대는 모습은 얄밉기까지 하다.
　그런 프로에 불만이 많으면서도 너무 맛있어 보이면 날을 잡아 슬며시 찾아가 먹고 싶어진다. 방송은 큰 위력을 발휘해

눈으로 보기만 해도 촉각과 후각마저 발동해 버린다.

2.
　방송에 꽃게집이 나왔다.
　방송인이 탐스러운 꽃게 살을 꾹 눌러 맛있게 먹는 장면을 보다 인터넷을 한참 뒤져 바로 달려갔다. 주문하고 기다리는 동안 젊은 연인에게 눈이 갔다. 요즘 젊은이들도 유명하다는 곳을 찾아다니며 데이트하는가 보다. 귀공자처럼 얼굴에 윤기가 도는 청년이 일회용 장갑을 끼고서 게살을 발라내고 있었다. 먹음직스러운 게살을 발라내어 앞에 앉은 여자의 접시 위에 얹어 준다. 저렇게 잘생긴 청년의 파트너는 어떻게 생겼을까. 맞은편에 앉아 있는 여자는 청년에 비해 인물이 많이 빠지는 듯했다. 쳐다보던 내가 괜히 속상해지기 시작했다. 비슷한 미모가 사랑의 조건은 아닐진대 괜히 남의 집 잘생긴 아들을 보면서 이러쿵저러쿵하는 난 문제가 많은 것 같다. 시선을 느꼈는지 여자는 게살을 냠냠 먹으며 나를 본다. 눈이 마주치자 입꼬리를 올리며 웃는다. 친근한 미소였다. 편안한 미소를 지을 수 있는 매력 있는 사람이다. 누군가와 사랑해 본 미소, 많이 주고받은 사랑이 그녀의 눈과 입에서 흘러나오고 있었다. 처음 본 사람에게 저런 편안하고 예쁜 미소를 날릴 줄 아는 사람이니 마음이 분명히 따스할 것 같다. 웃는 얼굴이 예쁜 사람은 복이 많은 사람이라고 들었다. 예쁘고 덜 예쁜 것은 아무 문제가 아닐 것이다. 복 많은 것이 제일 좋은 것 아닌가. 오히려 그녀에게 청년을 끌어주고 밀어줄 수 있는 충분한 에너지가 있는 듯하다. 저 연인은 왠지 꽃길을 걸을 것 같다. 어느새 나는 두 사람을 축복하고 있었다.

3.
    가족이 단란하게 해산물 스파게티를 먹고 있다. 아들과 딸은 조개를 넣은 스파게티니까 문제가 없는데 부인 접시에는 큰 새우 한 마리가 턱 누워 있다. 여자가 남편에게 접시를 내민다. 남편은 자기 접시를 옆으로 밀어 두더니 자기 포크와 여자 포크로 새우 껍질을 벗기느라고 낑낑거린다. 한참 동안 애쓰다가 그 새우를 자기 입으로 가져간다. 짜증이 나니 자기가 먹어 치울 셈인가. 남자는 새우를 자기 이로 자근자근 다듬어 "자! 먹어" 하고 여자 접시 위에 놔주며 흐뭇하게 웃었다. 새우 하나 다듬지 못하여 남편한테 시키지는 않았을 것이다. 사랑받고 있음을 모처럼 나온 외식에서 실감하고픈 모양이다. 여자는 얼른 받아 눈웃음으로 답례하며 야금야금 맛있게 먹는다. 가족처럼 좋은 것이 있을까. 참 곱다. 행복스러운 광경이다.
    결국은 또 유심히 살피고 말았다.

4.
    사랑하면 상대를 이길 수 없고 상대에게 헌신하고 싶어진다. 즉 암암리에 두 사람 사이에서 갑과 을이 저절로 정해진다는 것이다. 조금 더 사랑하는 쪽이 스스로 을이 되는 것 같다.

고기집에서였다. 모녀로 보이는 여자 둘이 내 앞자리에 앉아 있었다. 딸은 심통이 난 듯 무표정이고 엄마는 빠른 손놀림으로 고기를 뒤집고 있다. 확실한 '특 갑'인 딸에게 엄마는 열심히 고기를 구워 먹인다. 노릇노릇 잘 구워서 상추에 마늘과 고기를 얹어 아예 딸 입으로 쏙 밀어 넣어준다. 스무 살가량 되어 보이는 딸은 쩝쩝거리며 받아먹는다. 된장찌개마저 제 앞으로 당겨서 엄마에게 먹어보라는 말도 없이 먹느라 바쁘다. 건더기는 딸이 다 먹고 국물만 조금 남은 뚝배기를 젊은 엄마는 끌어다가 고기도 없이 밥을 먹는다. 어쩐지 엄마가 안쓰러웠다. 자식 입에 음식 들어가는 것이 부모는 가장 즐겁다고 했나.

딸이 "엄마도 드셔요." 했으면 얼마나 예뻤을까.

왜 저렇게까지 자식을 버릇없이 키울까. 염치없는 딸이구나 하고 위아래로 남의 귀한 딸을 째려보기까지 했다.

이윽고 두 모녀가 일어서서 나간다. 뒤따라가는 딸이 다리를 심하게 절고 있다. 소아마비인가 보다. 엄마에겐 아픈, 애틋한 손가락이었구나.

저 딸을 키우느라 엄마의 젊은 날은 얼마나 힘들었을까. 그래도 아마 힘든 것조차 잊고 옆에 있는 딸의 존재만으로도 행복한 엄마인 것 같다. 보이는 것만이 진실이 아니듯 남의 일에

콩 놔라 팥 놔라 하고 있던 나는 무척이나 미안해졌다.
 언젠가 엄마가 세상을 뜰 때 저 아이를 누가 저렇게 지극정성으로 챙겨줄 수 있을까.

홀연히

석촌 형님이 이 세상을 떠났다는 소식이 왔다.

보름 전 집에 꼭 와달라며 전화했었는데 차일피일 미루다 보니 이런 비보가 날아들었다. 갑자기 보고 싶다며 꼭 오라고 강조했을 때 이미 세상 떠날 것을 감지했던 것일까.

그 형님에게 나는 빚이 많다. 형제도 아니고 친척도 아니건만 마음 내어 사랑해 주며 오랫동안 공감해주고 위로해주는 데 인색하지 않았던 고마운 사람이었다.

지극히 평범한 이 아우를 항상 과대평가해주는 그녀가 조금은 부담스러웠다. 부질없는 세상사에 시들해하면, 고목처럼 어떤 일에도 흔들리지 않는 사람이 이런 일로 마음 다치는 것은 창피한 노릇이라고 사정없이 일침을 놓았다. 자존감을 찾지 못하고 허우적거리고 있노라면 살며시 칭찬거릴 만들어 기를 살려 주기도 했다. 귀가 얇은 나는 주위에 그런 사람이 있다는 사실 하나로도 금방 긍정적인 쪽으로 돌아서서 마음을 가다듬곤 했다.

석촌동에 산다 해서 석촌 형님이라고 부르게 된 그녀를 기 수련하는 곳에서 만났다. 처음 만났을 때 무척 도인이 되고 싶어 하는 사람이구나 하는 인상을 받았다. 그녀는 여유로운 표정을 짓고 있었지만 날카로운 눈빛으로 모든 사물을 세심히 관찰했다. 좋고 나쁜 것을 재빨리 판단하고 그 판단을 조금도 의심하지 않고 자신만만하게 밀어붙이는 저력이 있었다. 한번 싫은 사람은 상종하려 들지 않는 편협함도 있었다. 내심 그녀는 도인이 되지 못할 것이라고 나는 생각했다. 애증이 없어야 도인인데 그녀는 좋다 나쁘다 분별심이 뚜렷하기 때문이었다.

미워하면 끝까지 미워하던 그 형님은 한번 좋게 생각하면 집착하다시피 무작정 좋게만 생각하는 것 같았다. 다행히 나는 그녀가 좋게 생각하는 부류로 분류됐다. 사람은 간사하기 마련인지라 아쉽고 외로울 땐 공감 잘해주는 그녀에게 쪼르르 전화하여 콩이야 팥이야 이러쿵저러쿵 수다 떨어놓고도 저 형님은 포용력이 좋은 사람이니까 이쯤 해도 되겠지 하고 잊어버리고는 했다. 굴을 좋아하는 이 아우를 위해 추운 바다에서 직접 굴을 따 가득 들고 와 환하게 웃던 모습을 떠올리니 가슴이 미어진다. 김장철이 되면 우리 집 김장을 나보다 더 걱정해줬던 형님이다. 본인이 맛있으면 고추장 된장을 싸 들고 세 번씩 지하철을 갈아타고 와서 활짝 웃으며 주고 갔다. 아픈 무릎으로 계단을 오르내릴 때 얼마나 힘들었을까. 부모 형제도 그렇게 할 수 없을 것이다. 생활에 여유가 있는 것도 아니었다. 금전으로 베풀 수 없으니 몸으로 애쓰면서 주위의 좋은 사람들을 이롭게 했다. 궂은일에 솔선수범하는 자세로 부지런함을 보여주는 그녀가 무척이나 존경스러웠다.

끝까지 사람은 이기적인 것 같다. 형님이 떠나가셨다고 하니 이제 누가 나를 그렇게 생각해 줄까 하는 아쉬움에 슬프다, 그 많은 빚을 갚지도 못했는데 한번 보자는 청마저 시간을 못 내고 말았으니 면목이 없다.

현실의 악조건에 이생에서는 고생을 억세게 하고 내생을 기대했던 형님이다. 내생이 반드시 있다고 믿은 그녀는 현세보다 다음 생을 꿈꾸며 진리를 찾아 실천하는 데 주력하는 모습을 보여줬다.

그녀는 어떤 모습으로 윤회하고 싶었을까. 형님은 다음 생은 남자로 태어나기를 간절히 바라다가 갔다. 못다 이룬 도를 이뤄 생전에 도인이 되고 싶어 했던 그 뜻을 이루려나. 평소에 죽을 때 잠자듯 가기를 저녁마다 기도했다고 한다. 오래 살기도 싫다고 했다. 팔십 되기 전에 가고 싶다는 소리를 여러 번 했다. 입이 보살이라고 그녀가 말하는 대로 일흔아홉 살 아홉수에 화장실에서 넘어져 두 주 입원했다가 홀연히 내생을 찾아갔다.

그녀가 떠나자 죽음이란 것이 선명히 실감 났다. 미워하고 좋아하는 것도 모두가 가짜인 듯 영정속의 그녀의 웃는 모습을 보니 허망하긴 하다. 그렇게도 사랑하고 집착하던 모든 것은 여기 그대로 있다. 그녀만 사라졌다. 시간이 지나면 좋아했던 사람들도 그녀를 서서히 잊어가겠지. 남은 우리도 어떤 시간이 될지 모르나 각각 다른 모습으로 다 떠나갈 것이다.

잠은 꼭 집에서 자겠습니다

옥색 저고리에 하얀 치마를 입은 신랑 누나가 분홍 저고리의 신부 엄마와 더불어 화촉을 밝힌다.

신랑은 엄마가 없고 신부는 아빠가 없다. 연극배우인 신랑은 명랑하여 사회자가 시키면 시키는 대로 신부에게 뽀뽀도 하고 춤도 춘다. 주례는 신랑 아버지가 직접 했다. 사회자는 신랑 아버지가 무슨 회장, 무슨 협회 단장이라면서 혼주의 많은 감투를 읽어준다. 주례사를 맡은 아버지는 엄숙한 표정으로 아들과 며느리에게 두 가지만 부탁한다며 점잖게 말했다. 평소의 말 많은 성격으로 보아 상투적이고 지루한 주례사를 할 것이라고 짐작했는데 생각 외로 간단했다.

건강을 서로 잘 챙겨야 한다, 매사에 목표를 확고히 세워서 인생을 성공적으로 살기를 바란다고 했다.

결혼 서약서를 읽는 신랑은 큰 소리로 외쳤다.

"잠은 꼭 집에서 자겠습니다!"

신랑의 엄마는 2년 전에 암으로 세상을 떠났다. 몸이 가녀리고 인형처럼 예뻤던 그녀는 억척스러운 시부모를 모시면서 시집살이를 차분히 했다. 자수성가하여 지방에서 예식장을 경영

하며 빌딩도 갖고 있던 시부모는 시집살이를 아주 맵게 시켰다. 딸 하나를 낳고 아들이 없자 시부모와 남편은 아들 얻기에 모든 목표를 두고 총 단결했다. 그리고 드디어 13년 만에 아들을 얻었다. 그녀에게서가 아니라 젊은 다방 아가씨에게서였다. 손자를 날마다 보고 싶었던 시부모는 모자를 한 집에 같이 데리고 살자고 했다. 지나온 서럽디서러운 세월은 아무것도 아니었다. 시부모는 그녀 앞에서 손자를 어르면서 '우리 장손, 우리 장손' 하며 두 모녀를 하찮은 존재로 치부해버렸다. 다만 일이 많은 집이기에 모녀를 내보내지는 않았다. 한 집에서 작은댁은 공주처럼 아들만 건사하고 그녀는 무수리가 되어 아침부터 저녁까지 일만 했다.

그녀가 불쌍했던지 그동안 냉정했던 삼신할미가 그녀에게도 아들을 점지해줬다. 삼신할미가 맘만 먹으면 15년 만에도 아이를 점지해준다는 사실에 친척들은 너나 할 것 없이 축하해 주었다. 그 아이가 바로 오늘의 신랑이다. 아들은 그녀의 존재가치요 웃음이며 진정한 승자로 만들어 준 그녀의 목숨이었다. 시부모에겐 내리사랑이었을까. 적자라선지 이 아들을 남 보기에도 더 예뻐하는 듯했다. 아들을 먼저 낳아 거들먹거리던 작은댁은 달라지는 대우에 화를 내기 시작하여 싸움이 끊이질 않았다. 본처는 이전에 기죽어 있던 모습은 없어지고 당당해졌다. 늙어가는 시부모도 그녀에게 차츰 기대면서 인정해 주기 시작했다. 목표를 두 배로 달성한 신랑 아버지는 작은댁의 어리광도 예쁘게 보지 않았다. 돈 많은 그녀들의 남자는 황혼의 열정을 밖에서 더 젊은 여자들에게 새롭게 만끽했다. 자고로 첩이 첩 꼴을 못 본다는 말이 있듯이 작은댁은 일도 안 하며 막강한 세도를 부리더니 집 한 채와 챙길 재산을 나눠 가지고 아들을 데리고 나갔다. 눈앞에 보이지 않으니 속이 다 시원하련만, 그 후 신랑 엄마는 저녁마다 남편을 기다리며 더욱 애를 태우는 것 같았다. 밥 한 그릇은 혼자 먹어야 배가 차는데 여러 사람이 나눠 먹다 보면 그 사람들은 다 허기가 질 것이다. 작은댁의 심정도 똑같았으리라 생각된다.

저녁마다 대문 앞에서 서성거리던 엄마의 심정을 비록 어린 나이였어도 아들이 몰랐을 리 없다. 아버지를 날마다 기다리던 가엾은 엄마를 보면서 사춘기부터 아들은 장가들면 반드시 잠만은 집에서 자겠다고 결심한 모양이다.

평생 마음 졸이고 병고에 시달리다 간 엄마의 존재가 아들은 언제나 불쌍하고 가슴 아팠다. 가슴에 맺힌 한을 풀며 결혼하는 자리에서 만천하에 맹세한 것이다.

"잠은 꼭 집에서 자겠습니다!"

엄마를 꼭 닮은 누나는 유난히 엄마 생각이 많이 나는지 눈물을 멈추지 못한다. 신부 엄마도 먼저 가신 남편 생각이 나는지 손수건으로 눈가를 두드린다. 그 혼주들을 바라보는 하객들도 눈시울을 적신다. 아니, 훌쩍훌쩍 우는 소리까지 들린다. 보기 드문 눈물의 결혼식이었다.

목표를 야무지게 잘 세우고 건강을 잘 지킨 신랑 아버지의 얼굴에서는 인생을 성공적으로 잘 살았다는 긍지가 보였다. 축의금이 든 가방을 가슴에 안고 흐뭇하게 웃으며 서 있다. 그 표정으로 볼 때 아들의 그 절절한 외침,

"잠은 꼭 집에서 자겠습니다"라는 말의 의미를 못 알아들은 모양이다.

아무리 그래도 예식장이 떠나갈 듯 소리 질렀던 아들의 깊은 마음을 모를 수는 없겠지.

그런 연애 한번 해볼걸

Y는 몸 가꾸는 운동을 제일 많이 하는 멤버다. 헬스복을 입고 서 있으면 같이 운동하는 모든 여자 회원들이 그녀의 맵시를 부러워하며 찬사를 보낸다.

사십을 넘어 성적 매력이 최고조에 달했을 때 그녀는 새로운 남자를 만났다. 친한 친구의 애인이었던 사람이다. 대체로 바람을 피우는 여자는 자기가 사랑받고 있다는 사실을 누군가에게 꼭 자랑한다고 한다. 철딱서니 없는 그녀의 친구는 자기 애인이 자상하고 멋있다며 Y에게 행복에 들떠서 자랑해 댔다. 얼마 지나지 않아 자랑하던 멋지다는 애인은 Y의 남자가 되고 말았다. 왜 하필 남의 애인을 가로채면서까지 그녀는 새로운 사랑을 시작했을까.

자기가 훨씬 예쁜데, 자기도 못 하는 연애를 멋들어지게 하니 자존심이 상했고 부러웠다고 했다. 학교 다닐 때는 모든 면에서 친구보다 앞섰는데 결혼 후 행복 면에서는 본인이 뒤지고 있다는 자격지심이 들었다나. 지고는 못 사는 그녀 특유의 승부 근성이 발동한 것이다. 그 남자를 내 남자로 만들어 이겨야 겠다는 경쟁 심리였나 보다.

그 남자가 몇 시쯤에 잘 간다는 호텔 커피숍에 어느 날 우연을 가장해 그녀는 가장 순수하게 보이는 하얀 원피스를 입고 갔다. 남자에 대한 정보를 소상히 귀담아들어 뒀다가 계획적으로 그 앞에 나타나 수줍게 말을 걸었던 것이다. 하얀 옷이 이렇게 어울리는 사람은 처음 봤다며 그 남자는 바로 접근해 왔다.

실컷 자랑해놓고는 그만 보물단지를 한순간에 빼앗겨버린 친구, 이유도 모른 채 하루아침에 그 남자에게 실연당한 친구는 가슴이 미어져 견딜 수가 없었다. 위로 받고 싶은 친구는 Y를 더 자주 불러내 하소연을 하면서 슬피 울기만 했다. 그럴수록 승리감에 도취한 그녀지만 마음은 많이 두렵기도 했다. 어느 날 그 남자에게 점을 같이 보러 가자고 했다. 두 남녀는 장안에서 유명하다는 점집에 가서 궁합까지 봤다.

"늦게 만난 것이 한이겠지만 천생연분이네요."

"어쩔 것이요. 쉽게 떨어질 운명이 아닌데."

두 남녀의 궁합을 점쳐본 무녀는 어쩔 수 없다는 듯이 한숨을 쉬면서 오방기를 내려놓았다. 머리 한가운데로 가르마를 타고 반듯하게 쪽지고 앉아 있는 무녀는 선녀처럼 예뻤다. 흰 치마 위에 파란 저고리를 곱게 입은 젊은 무녀는 두 남녀가 전생에서 못 이룬 인연이 있어 헤어지지 못한다고 했다. 바람도 인연 따라 피지 아무나 필 수 없다는 것이다. 그들이 금방 헤어지지 않는다는 말에 두 남녀는 안심이 됐다.

마침내 Y도 그 친구처럼 누군가에게 자랑하고 싶어지는 단계까지 갔다.

울며 매달리는 애인을 냉정하게 버린 그 남자는 새로 만난 Y에게 그의 마지막 사랑이라고 하였다나. Y는 희열 속에 가슴이 벅차 누군가에게 마구 자랑하고 싶어진 것이다. 원래 이런 비밀은 듣지 말아야 한다. 더구나 같은 단체에 소속되어 있으면 불편하기 짝이 없다. 비밀을 발설한 자와 듣는 자 사이는 그 후로는 편안하지 않게 되기 때문이다. 그런데도 한 남자에게 지극한 사랑을 받고 있다는 사실을 헬스장에서 가깝게 지내던 동갑내기 B에게는 꼭 자랑하고 싶었다.

그 남자가 섹시하게 생겼고 매너가 좋다면서 갖은 자랑을 시작했다. 한마디로 너무 멋진 남자라고 했다. 아무리 멋져 본들 결국은 남의 남자 아니던가. 유부남이 여자를 바꿔가면서 바람을 피우는 것에 불과하다, 근본이 틀려먹었으니 만나지 말라고 B는 잘라 말했다. B가 부러워하기는커녕 단호하게 대하니 Y는 자길 이해해 달라고 했다.

Y는 남매를 낳아 잘 기르기는 했으나 이제껏 남편과는 오르가슴 한 번 못 느껴봤다고 했다. 이 나이에 처음으로 이 남자를 만나 불감증이 해소됐고 진짜 여자가 된 자기를 이해해 달라고 B에게 속마음을 털어 놓았다.

어느 날 아침 Y가 골프장에 초대한다며 B를 만남의 광장으로 무조건 나오라고 전화했다. 그곳엔 그녀의 애인과 어느 교회 장로라는 예쁘장한 남자가 나와 있었다. 어안이 벙벙한 B에게 점잖은 사람들이니 오늘은 즐겁게 공만 치자는 것이다. 공을 치는 내내 공이 벙커에 들어가면 같이 들어가 몸을 잡아주며 자상하게 코치해주는 남자와, 애인에게 사춘기 소녀처럼 앳된 모습을 보이려 어리광을 피우는 여자의 모습을 B는 보았다.

B의 눈에는 그 남자가 매력적이지 않았다. 그냥 흔하게 생긴 중년 남자일 뿐이었는데 두 여자를 미치게 만드는 무엇이 그에게 있다는 것인지 알 수가 없었다. 설상가상으로 장로라는 믿음의 든든한 방패를 두른 남자가 어영부영 말을 건네더니 B의 어깨에 슬쩍 손을 얹었다. 장로도 그의 친구와 똑같이 바람 피우고 싶어 하는 남자였던 것 같다. 고지식한 모범생인 B는 사람을 어찌 보고 이러느냐고 따지면서 그만 가겠다고 했다. 놀란 Y의 애인이 그 장로를 몹시 야단치면서 B에게 정중히 사과했다.

그 후 몇 년 동안 Y는 헬스장에 나오지 않았다. 같이 다니던 스포츠센터가 없어진 후 B가 다른 곳으로 옮기고 보니 Y가 거기에서 운동하고 있었다. B를 보자 어색해하는 것 같았고 눈치를 보는 듯했다. 그 남자와는 헤어졌노라고 했다. 그가 회사를 그만두니 누가 먼저랄 것도 없이 자연스럽게 헤어졌다고 덤덤히 말했다. 세월이 흘러 그 남자도 성적으로 매력이 없어졌을 것이고 이런 상황들이 힘겨워 자연스레 멀어진 것일까.

어떻게 10년씩이나 양쪽 가정에 들키지 않고 짜릿한 마지막 사랑을 그렇게 오랫동안 할 수 있었을까.

Y는 뭔가 아쉬운 듯 B에게 그 남자의 이야기를 꺼냈다.

"그는 10년 동안 아침마다 부인에게 먼저 출근 잘하고 있다고 보고한 다음에 나에게 밥은 먹었냐며 꼭 전화했었어."

샘이 많은 그녀가 부인에게는 전화 하지 말고 자기에게만 전화하라고 했더니

"너와 오랫동안 지내려면 이렇게 해야 해"라고 단호하게 말하더란다.

그들도 언젠가는 헤어져야 할 사이임을 오랫동안 의식하며 인연을 이어 갔었나보다. 이 바람둥이 남자는 부인에게도 다정하고 빈틈없이 착한 남편 노릇을 한 것 같다.

여자들이 모여 정치·경제·사회, 각자의 가족사까지 더듬다가 수다의 소재가 드라마까지 이르면 헤어질 시간이 된다. 헬스장 송년 모임이 끝나 갈 때쯤 시청률이 높다는 불륜 드라마를 누군가가 좀 부럽다는 듯 멋있게 표현했다. 그러자 Y가 대뜸 끼어들었다.

"아유! 나도 그런 연애 한번 해볼걸! 아쉽게도 이제 다 늙어 꿈꿀 수도 없네."

지나온 세월을 너무도 순진하게 살아온 듯, 후회하는 것처

럼 애석한 표정을 짓는다. 그 입술을 바라본 순간 B의 눈과 입이 쩍 벌어진 것을 Y는 알았을까.

어느 날 B는 예술의 전당에 뮤지컬을 보러 갔다. 그녀 앞에서 중년 부부가 손을 잡고 다정하게 걸어가고 있었다. "여보, 나 화장실 갔다 올게." 잡았던 손을 놓고 총총히 걸어가는 아내의 뒷모습을 사랑스럽게 바라보는 남자는 아침마다 아내에게 전화하고 Y에게도 꼭 전화했다던 바로 그 남자였다.
"안녕하세요?"
B는 엉겁결에 그만 인사를 하고 말았다.

6인실

답답하고 좁은 공간인 어느 문화센터에서 브릿지(카드게임의 일종)를 배우던 중, 갑자기 가슴에 통증을 느껴 응급실로 급히 가게 됐다. 동맥으로 가는 가느다란 지선이 막혀 협심증이 발병한 것이다. 허벅지 동맥으로 약물을 넣는 조영술로 치료했기 때문에 꼼짝달싹 못 하고 링거를 꽂은 채 사흘을 반듯하게 누워서 버텨야 했다. 심장내과에는 입원할 자리가 없어 일반 내과 6인실로 입실하게 됐다.

당뇨 합병증으로 신장 투석을 하는 50대의 아주머니는 얼굴이며 온몸이 퉁퉁 부어 있었다. 그에 비해 조그마한 몸집에 깡마른 그녀의 남편은 아내에게 한 술이라도 더 먹여 보려 하며 잠시도 쉬지 않고 간호를 하고 있었다. 남들이 보기에는 남편이 더 걱정스러웠다. 휑한 눈 속에 공포가 가득 들었고 두려움에 달달 떠는 듯했다. 아니나 다를까, 그가 의자에서 "흑", 하고 쓰러져 바닥으로 넘어졌다. 아내가 죽을까 봐 며칠째 밥도 못 먹고 자지도 못하다가 기진맥진하여 쓰러진 것이다. 어쩌나, 그 아주머니는 숨도 제대로 쉬지 못하는 듯 상태가 많이 안 좋아 보였다.

암 수술을 했다는, 머리카락이 하나도 없는 50대 여성은 입원한 지 며칠 되는 듯 혼자서도 밥을 잘 먹었다. 그녀는 훌쩍이는 당뇨환자의 남편에게 죽음이 그렇게 쉽게 오는 게 아니라며 걱정하지 말라고 격려해 주었다. 큰일을 당하고 보니 인생, 그렇게 만만하지도 어렵지도 않다며 되는 대로 받아들이라고 걸걸하게 말했다. 암 앞에서 저렇게 객관적으로, 대범하게 말할 수도 있구나 싶어 그녀가 거인처럼 보였다.

내 침대 옆자리의 여성은 가슴에 통증을 여러 번 느끼고 이러다 언제 죽을지 모르겠다 싶어 잘되고 있는 사업을 접고 무작정 울산에서 서울까지 달려왔다고 했다. 모든 검사를 다 했지만 며칠째 원인을 찾지 못하고 있으니 답답해 죽을 지경이라며, 병명이 있어 제대로 치료받는 내가 부럽다고 했다. 답답한 것은 그 남편도 마찬가지인 듯 보호자용 의자에서 잠만 자고 있었다. 그녀 본인은 병명도 모른 채 돌연사할 것 같아 겁이 나 잠도 못 자는 것 같았다.

담석을 제거하느라 쓸개를 떼어냈다는 60대 아주머니가 퇴원하자 바로 그 침대에 의식불명의 여성이 들어왔다. 어느 지방대 교수이면서 목사의 아내라고 했다. 가족은 보이지 않고 교회 신도들만 몰려와서 '세상에 이럴 수가 있느냐'며 웅성웅성

했다. 소리 높여 기도하는 소란함 속에서도 그 부인은 입을 반쯤 벌린 채 아무 반응이 없었다. 더운 날씨에 보양하라며 신도가 가져다준 보약을 한 첩씩 먹자마자 부부가 쓰러져 의식을 잃었다 했다. 경찰이 보약을 국립과학 수사팀에 보내 성분 검사를 의뢰했단다. 결과가 나와야 치료를 시작한다며 2인실이 없어 남녀 6인실에 각각 나눠서 입실만 시켰다고 했다. 멀쩡한 사람이 하루아침에 이렇게 되리라고 누가 상상이나 했겠는가. 열댓 명 정도 되는 신도들이 그 자리에서 진심을 담아 간절히 기도를 올렸다. 다른 환자들 또한 본인의 몸이 힘든데도 새로운 환자로 온 이 사모의 안위를 걱정해 주었다. 50대면 요새는 꽤 젊은 나이인데 미래가 몹시 위태로운 것 같아 자꾸 눈길이 갔다.

내 앞 침대에 누운 뇌졸중 환자의 남편이 온종일 보이지 않더니 그 사모가 딱하다는 듯 쳐다보며 들어왔다. 아내를 간병인에게만 맡긴 채 슬쩍 와서 보고는 곧바로 휑하니 나가려 한다. 몸을 움직이지도 못하는 환자인데 남편이란 사람이 너무나 몰라라 하는 것 같아 그녀가 더 안쓰러웠다. 몸은 움직이지 못해도 마음은 섭섭한지 그녀의 눈이 몹시도 슬퍼 보였다.

그때 암 환자가 그 남자에게 핀잔을 주었다.

"며칠 동안 봐왔는데, 이렇게 움직이지는 못하지만 당신 아내는 알 것 다 알아요. 아저씨는 환자에게 너무 성의가 없는 것 같아요. 손이라도 좀 잡아 주고 가셔요"라고 야단을 친다. 남편은 그 말을 듣는 둥 마는 둥 피식 웃더니 누가 붙잡기라도 할까 봐 도망치듯 나가 버렸다.

환자나 보호자 모두 지치고 두려움에 떠는 모습들이다. 그곳이 바로 삶과 죽음의 갈림길일 수도 있으니 어찌 두렵지 않겠는가. 몸을 움직이지 못해 답답하기는 했어도 바로 죽을 만큼 위험한 상황에 부닥치지는 않았던 나는 링거만 맞고 사흘이 지나 퇴원했지만 남아 있던 그들은 어떻게 됐을까, 걱정스러우면서 궁금했다. 혈액 투석하는 사람도 위험해 보였고 뇌졸중으로 움직이지 못하는 슬프디 슬픈 눈도 뇌리에 아른거린다. 혼수상태로 입을 크게 벌리고 있던, 날벼락 맞은 사모는 어찌 됐을까. 내 옆 병명을 모르겠다던 여인은 병명을 찾았을까. 위험한 병이 아니라면 잘 나가는 사업체를 다시 시작하려나. 암 환자는 재발 없이 잘 살아가고 있을까.

일반 병실에서도 삶과 죽음의 경계에 놓인 사람들의 절박함은 상상을 뛰어넘는다. 죽을 사람과 살 사람을 가려내는 것은 의사일까, 신일까.

수행자처럼

　얼마 전, 한밤중에 옆구리가 몹시 아파 응급실에 갔다. 여러 가지 검사 후 담석증이라는 진단이 내려졌고, 당장 수술하는 것이 좋겠다고 했다. 그러면서 아무리 급해도 협심증이 있으니 심장내과에서 승인이 내려와야 수술을 할 수 있다고 했다. 남들보다 수술하기 어려운 조건인 것 같아 기가 죽었다. 아들이 걱정스러워하며 남편에게 전화했다. 남편은 간단한 수술이니 걱정하지 말고 회사에서 일이나 잘하라고 했단다.

　전신마취를 하고 수술실에 들어가는 어미를 걱정하는 아들에게, 회사도 가까운데 오지 말라는 남편은 철이 너무 많이 든 것일까, 아니면 철딱서니가 없는 걸까. 수술 중 죽을 수도 있는데 아들을 못 보게 하느냐고 소리 질렀다. 한참 동안 의사들이 왔다 갔다 하더니 드디어 드라마에서 보듯이 파란색 모자를 씌우고 같은 색 수술복을 입혀 수술실로 데리고 갔다. 남편과 아들이 양손을 잡아 주며 수술 잘 받고 오라고 했다.

　수술대기실에는 음악이 흐르고 있었는데 수술을 막 받고 나온 사람들의 신음이 두려움으로 다가와 제대로 귀에 들어오지 않았다. 짧은 시간 동안 내 머릿속에서는 이렇게 죽으면 어쩌나, 남겨질 아들과 남편에게 무슨 말을 해야 할까, 살아나면 어떻게 변화하여 후회 없이 남은 생을 마무리할까 등등 여러 생각이 오갔다. 그러나 답은 쉽게 나오지 않았다. 미처 생각을 마무리하지 못한 채로 잠깐 죽었다 깨어났다.

"신선숙 님! 정신 차리세요."

내 뺨을 두드리는 간호사의 목소리가 멀리서 들리는 듯하면서 담낭이 있었던 자리가 바로 잘려 나오듯 극심한 통증이 시작됐다.

장기 하나가 잘려 나갈 때까지 아무것도 몰랐는데 이렇게 아플 수가. 마약이 들어 있다는 진통제도 소용이 없었다. 이런 고통이 계속된다면 차라리 죽는 것이 좋지 않을까 하는 생각까지도 얼핏 들었다. 어차피 죽을 때가 되었다고 판단되면 마취시켜 아무런 고통 없이 죽어가게 하는 것이 오히려 큰 사랑 아닐까. 안락사가 나쁘지 않겠다는 생각마저 들었다.

마지막으로 갖고 가는 의식이 다음 생으로 이어진다는 말이 있다. 숨을 거둘 때 하는 생각대로 다음 생이 정해진다는 어느 스님 말씀을 믿는다면 어떻게 살았든 간에 죽는 순간이 가장 중요하다는 것이다. 막상 사람들이 죽을 때는 무슨 생각을 하면서 숨을 거둘까. 아무 생각 없이 죽는 줄도 모르면서 숨이 몇는 것은 아닌지.

나는 무슨 생각을 품으면서 죽어갈까.

수술을 받고 석 달이 지나도록 삶과 죽음에 관한 생각이 머릿속에서 떠나지 않고 맴돌았다. 어떤 마음으로 죽음에 대비해야 할까. 지금부터는 어떤 목표를 가지고 남은 생을 살아볼까. 남들은 쉬운 수술을 하고서 엄살 피운다고 나무랄 수도 있을 것이다. 언젠가 가는 것만은 틀림없으니 삶과 죽음이 같이 있다는 사실을 인식하고 살아야 하리라.

이런 생각에 몰두하고 있을 즈음 원하지 않는 소식을 들었다. 지리산 자락에서 도인처럼 살던 친구의 부음이었다. 삶의 모든 것에 고마워하며 자연 속에서 살던 마음이 넓은 친구, '친구들에게'라는 메시지를 남기고 이 세상을 떠나갔다.

비록 나는 세상과 인연이 다해서 흙으로 돌아가지만, 너희들도 마찬가지 인간이니 남은 삶을 좋은 생각 좋은 인연만을 남기고 떠나는 게 좋을 거 같아.

- 먼저 가는 명선이가

모든 친구가 먹먹해하고 있을 때 명선의 남편이 마지막 가던 모습을 보내왔다.

가시기 전날 구례 장에서 외식이 마지막 식사였습니다. 명선이는 회 정식을 사달라고 했습니다. 1인분에 3만원이나 해서 비싸다고 했더니 "그래도 추억이 될 텐데"라고 했습니다. 죽음이 가까웠던 것을 알았던 모양입니다.
명선이는 맛있게 먹었습니다. 다음날 새벽 금강경 독송을 끝내고 배고프다며 식탁에 앉아 그만 넋을 놔버렸습니다.
수행을 열심히 하는 성직자처럼 편안히 가셨습니다.

도대체 이런 소식을 받을 때 그 먹먹함을 어떻게 표현해야 할까. 내가 수술을 받고 죽음을 잠깐 경험했으나, 진짜 저편 세상으로 간 영혼은 지금 어디에 있을까. 육신은 벗어버리고 빛으로, 에너지로 변하는 것인지. 명선이는 금강경을 깨우치면서 우주의 이치가 확실히 공空함을 인식했기에 기쁜 마음으로 편안하게 떠나갈 수 있었던 것 같다.

전안례

동반자가 멋진 스윙으로 힘껏 공을 쳐 날렸다. 쭉 달려 나가는 공을 바라보는데 공중에서 퍽 소리가 났다. 까치 한 마리가 잔디 위로 철퍼덕 떨어졌다. 갑자기 어디서 날아왔는지 스무 마리 정도의 까치들이 마구 울어대며 쓰러진 친구를 에워쌌다. 우리가 다가가니 푸드득 소리를 내며 날아갔다. 한 마리만 도망가지 않는다. 부리로 넘어져 있는 까치를 끌어보고 꼬리도 쪼아보며 구슬프게 울어댄다. 다른 친구들도 멀리 가지 않고 무리 지어 주위를 빙빙 돌며 동료의 죽음을 슬퍼하는 듯했다. 장례식장 광경을 보는 것 같았다. 순간 저 많은 새들이 울다 단합하여 동료를 죽인 우리를 공격하면 어쩌나 겁도 났다. 원래 까치들이 사납다고 들었기에 무섭기도 했다. 앨프레드 히치콕의 영화 「새」에서 새들이 사람들을 쪼아대는 장면이 얼핏 머리를 스쳐 갔다. 새들도 지금은 갑자기 닥친 슬픔에 망연자실하여 그런 공격은 생각도 못 하는 모양이다.

저 가엾은 새는 앞으로 어떻게 살까. 발걸음이 떨어지지 않아 그 자리에서 한참을 서성거리다 왔다. 집에 와서도 까치가 구슬피 울던 소리만 귓가에 맴돌았다. 슬퍼하던 까치를 보며 중년에 상처한 동생의 슬픔이 겹쳐 보여 동료들보다 더 애절하게 맘이 쓰였다. 사흘 후 그 자리에 다시 갔다. 까치 두 마리가 나란히 죽어 있을 것 같아서다. 울부짖던 까치는 보이지 않고 사체만 그 자리에 초라하게 남아 있었다.

올케는 갑자기 암 선고를 받고 몇 달 만에 세상을 떠나 버렸다. 동생도 그 까치처럼 구슬프게 울며 그리워하는 시간을 보내고 있었겠구나 싶어 마음이 짠했다.

올케는 비록 애교는 없었지만 성실하게 집안을 일구고 아들들의 미래를 위해서 경제기반을 야무지게 다져 놓았다. 아들 둘 다 그녀의 소망대로 의사가 되었고 남편을 원장님으로 구성하여 요양병원을 경영하겠다는 뚜렷한 말년 목표를 갖고 있었다. 열심히 달려오다 막상 목표가 이루어지기 직전에 본인은 홀연히 이 세상을 떠나가 버렸다. 말년이 없음을 알았다면 그렇게나 노심초사했을까. 올케는 남편이 늙어 병들었을 때를 대비해 간병인도 쓸 수 있고 일등병실을 사용할 수 있는 보험까지 들어 놓았다. 철두철미한 그녀였지만 막상 자신은 변변한 옷 한 벌 못 해 입고 가지 않았을까. 그렇게 애쓰다가 결과도 없이 가버리는 인생, 겨우 그거 살려고 그리 열심히 살았나 싶다. 오로지 말년의 부와 찬란한 노후를 누리겠다는 일념으로 살았던 그녀,

그 일념이 아니었으면 암도 걸리지 않았을 것 같은 생각에 더 안타깝다.

슬퍼하고 그리워하며 주말마다 멀리 제주까지 달려가 무덤을 가꾸고 망자와 대화하던 동생이다. 멀리 보이는 넓은 바다를 한없이 바라보며 한라산 자락의 조그만 무덤 옆에 앉아 혼자 중얼거리다 오던 동생의 외로움을 누가 짐작이나 할 수 있었을까.

차츰 자유를 알아가고 편안함을 찾아가던 동생에게 여자가 생겼다. 자유와 편안함도 괜찮더라고 말하던 그였지만 외로움은 이길 수 없었나 보다. 심신이 지칠 때쯤 나타난 여인이라선지 흠뻑 빠진 듯했다.

이번엔 백년해로하고 싶었는지 전안례奠鴈禮를 시작으로 하는 전통 혼례를 올렸다. 남산골 한국의 집에서 정식으로 결혼하고 싶다는 신부의 제안에 동생도 선뜻 동의했다. 한국 춤을 취미로 열심히 배우는 신부는 기러기와 백년해로의 연관성을 잘 아는 듯했다. 기러기는 백년해로의 상징이다. 기러기들은 제 짝을 잃으면 그 자리에서 머리를 나무나 돌에 부딪쳐 따라 죽어 버린다는 말이 있다. 사랑의 약속을 영원히 지키기 때문인 것 같다. 수명이 사람들보다 길고 상하 질서를 잘 지키는 기러기다. 부부도 서로 예를 잘 지키라는 가르침으로 조상들은 전안례를 지어냈을 것이다. 동생은 두 번째 결혼만은 죽을 때까지 헤어지는 슬픔 없이 오래오래 같이 살고 싶었나 보다.

나무 기러기를 청홍보자기에 싸서 왼쪽 팔에 안고 신랑보다 더 어색해하는 친구를 기럭아비로 거느리고 신랑이 쑥스러운 표정으로 나타났다. 연지 곤지를 찍고 족두리를 쓴 나이 든 신부도 부끄러운 듯 살그머니 걸어 나왔다. 혼례를 보는 우리는 이색적이고 뜬금없는 모습들에 어색하기도 해서 웃음이 나왔다. 전안례는 신랑이 제일 먼저 기러기를 신부 집에 가져가는 절차로, 전통 혼례의 첫 순서다. 신랑에게서 받은 기러기를 신부 어머니가 전안상에 올려 백년해로하게 해주십사 하고 제를 올린다. 첫 순서로 행하는 만큼 혼례에 큰 비중을 차지하는 의식이다. 우리 조상들은 수월하게 잘 살든 힘들게 살든 결국은 둘 중 한 사람이 죽지 않고 오래 같이 사는 것이 혼인에서 최우선이라고 생각한 것 같다.

"오빠! 나는 요리도 할 줄 몰라. 오빠가 다 해줘요."
이 올케는 애교가 많은가 보다.
그녀는 미래를 위해 대출이자를 갚으러 절약할 필요도 없다. 각자의 삶을 살려고 떠나 버린 아들들을 보살펴야 하는 부담도 없다. 전처와 살 때는 집안일이라고는 손도 안 댔다는 동생이 이 여인을 위해 청소도 하고 요리도 한다. 심지어 다리미질도 한다고 했다. 출근 전에 밥을 해서 공주 모시듯 그녀를 먹인 다음 일터로 간다나. 아내를 한번 잃어본 사람만의 정성인가 보다.

 죽은 까치 옆에서 서럽게 울던 그 까치도 전안례를 올렸을까.

4

삶이 힘들 때 그리운 얼굴들

나이스 파

저분 참 불쌍하지 않아요?

하모니카 반장

알랭들롱이 뭐길래

보따리

인신공양

꽃보다 청춘으로

52년생 김지영

그대로

무지개

쭈글쭈글할 때만 간다

나이스 파

오래전, 스포츠센터에 회원 등록을 하고 두 달가량 골프를 배우던 참이었다. 그곳에선 한 달에 한 번 숙녀회를 열어 대형 버스에 회원들을 가득 태우고 경기도에 있는 골프클럽으로 가서 대회를 열었다. 어느 날 한 명이 사정이 생겨 갑자기 못 가게 된 모양이었다. 회장이 궁여지책으로 실력이 엉망일 게 뻔한 나에게 구경 가는 셈 치고 같이 가보자고 했다. 생판 초짜를 머릿수 채우려 데려간 것이다. 얼떨떨한 상태에서 나는 기본도 모르는 채 하루아침에 필드에 나가게 되었다.

버스에 오르니 제일 어리니까 맨 뒤에 가서 앉으라고 했다. 그리고 한 살이라도 많으면 누구에게든지 형님이란 호칭을 쓰라고 했다. 이세까지 형님이란 호칭은 조폭들이나 사용하는 호칭인 줄 알고 있다가 살짝 당황했다. 하여간 내가 거의 막내인 것 같아 무조건 '형님, 형님' 하면서 김밥도 나르고 커피도 따르면서 심부름을 했다. 멋진 골프복을 갖춰 입지도 않은 나의 촌스러운 모습을 위아래로 훑어보는 형님들의 눈초리에 나는 얼어 버렸고, 형님들은 처음 오면 다 그렇게 하는 것이라면서 텃세를 부리는지 나를 막 부리는 것이었다.

드디어 라운딩이 시작되었다. 회장이 처음 온 나를 데리고 치겠다고 했다. 그녀는 그 당시 싱글을 친다 했고 홀인원도 세 번이나 했다니 그 무리에선 지존이나 마찬가지였다. 싱글이 뭔지, 홀인원이 무엇을 말하는 것인지도 몰랐던, 그야말로 맹탕이었던 나는 주눅이 들어 있었다. 아무 생각 없이 그녀가 시키는 대로 저쪽으로 가라면 가고 이쪽으로 오라면 올 뿐이었다.

그녀는 수시로 공을 홀컵에 집어넣고는 오른손을 주먹 쥐고 위로 쳐들면서 "나이스 파!"라고 외쳤다. 그런데 어느 홀에서 내 공도 홀컵에 또르르 굴러 들어가는 것이 아닌가. 나는 회장이 하던 대로 오른손을 위로 쳐들고, 동작도 회장보다 더 크게 하여 자랑스럽기 그지없다는 표정으로 "나이스 파!"를 소리 높여 외쳤다. 처음으로 내 공이 홀 안으로 빨려 들어가니 정말 신이 났다. 그 순간 같이 라운딩하던 동반자와 캐디가 그린 위에 주저앉아 눈물까지 흘리며 웃어댔다. 난 그들이 왜 웃는 줄 모르면서 따라 웃었다. 나의 공은 동쪽으로 나갔다 서쪽으로 나갔다, 수없이 돌고 돈 끝에 그린으로 치고 올라와 홀컵에 들어갔던 것이다.

말솜씨가 좋은 회장이 돌아오는 버스에서 마이크를 잡고 내 표정까지 하나하나 흉내 내며 방송을 하는 바람에 버스에서 다들 깔깔 웃으며 난리가 났다. '올림픽에서 금메달을 딴 사람보다 더 큰 세리머니를 내가 했다'는 게 회장의 표현이었다.

그날 이후 내 별명은 '나이스 파'가 됐다.

다음 날 스포츠센터에 가니 남자 회원들과 직원들까지도 날 보더니 "나이스 파님! 안녕하세요?" 하고 인사를 하는 것이 아닌가. 파par가 뭔지, 보기bogey가 뭔지도 몰랐으므로 나는 사람들이 그렇게 재미있어하는 이유를 알지 못했다.

그때까지 고작 7번 아이언으로만 몇 번 휘둘러본 나는 골프의 규칙이라고는 전혀 몰랐다. 용어조차도 알지 못했기에 웃는 영문을 몰랐다. 골프에서 파는 기준 타수에 공을 홀 속에 집어넣는 것을 말한다. 기준 타수의 세 배도 넘게 치며 헤매고 다닌 내가 너무나 자랑스러워하는 표정으로 무식하게 폼을 잡았으니 다들 배를 잡고 웃을 수밖에.

이 사건이 전설이 되었던 모양이다. 20년이 지난 어느 날 라운딩 중에 동반자가 '친구에게 들었다, 아주 재미있는 얘기'라며 나의 이야기를 그대로 하는 것이 아닌가. 20년 동안 골프계에서 내 얘기가 돌고 돌다가 드디어 주인공인 내 귀에까지 들어온 것이다.

말이란 것은 이렇게 발이 달려서 많은 사람을 쫓아다니는 모양이다. 20년이란 오랜 시간이 지난 뒤에도 바로 엊그제 일어난 일인 양 생생히 돌아다니고 있다는 사실에 입이 떡 벌어졌다.

형님들은 자신들보다 일찍 공을 친다 하여 어린것이 벌써 공치러 다닌다며 구박도 하고 운전 등 심부름도 많이 시켰다. 나는 운동 신경이 있어선지 공이 남보다 멀리 나가 '신 무식'이라는 별명까지 갖게 됐다. 다른 숏 게임은 엉망이지만 무식하게 거리는 많이 나간다고 형님들이 그렇게 불렀다. 본인들이 기분이 좋고 점수가 좋은 날에는 '나이스 파'로 나를 불러 주다가 점수가 안 날 때는 괜히 멀리 나가는 내 탓을 하며 "야! 신 무식아!" 하고 부르곤 했다.

골프는 인생과 같다고 한다.

잘될 때는 대충 쳐도 공이 홀컵에 쏙쏙 들어가고, 아무리 잘해 보려고 애를 써도 안 될 때는 아무것도 안 된다. 개인적인 스포츠라고 하나 넷이서 하는 운동이므로 승부 근성이 발동하고 남을 견제하게 되고 상대의 실수를 은근히 바라기도 한다. 라운딩하다 보면 아무리 본성을 감추어도 어디서든지 자신을 들키게 되는 운동이다.

형님들 심부름에 싫증 난 나는 친구들을 소집하여 두 팀을 만들었다. 아는 만큼 골프 매너도 가르쳐 주고 코치해 줬다. 3년을 데리고 다니면서 나름대로 정성을 다했다. 인생과 같다는 골프를 쉽게 생각하고 친구들을 데리고 다니다 보니 형님들과 다닐 때보다 훨씬 더 힘들었다. 친구들은 자존심을 내세운다. 내가 아는 체하는 것 같아 아니꼽기도 한 모양이었다. 차라리 형님들 수발을 들며 골프 치는 것이 더 편하다고 느낄 때쯤 스포츠센터가 없어져 버렸다.

각각 뿔뿔이 헤어졌는데 몇 년 후 모임을 한다는 연락을 받고 식당에 갔다. 홀에 들어서자 "나이스 파야!" 하고 크게 부르는 소리가 났다. 누군가는 "무식아!" 하고 다급하게 불러댔다. 같이 버스를 타고 골프를 치러 다니던 정겨운 형님들이 모두 거기에 있었다. 무섭게 굴던 그 기세들은 어디로 가고 이제는 다 늙어 조용히 미소만 짓고 있었다. 나이가 들어가면 저렇게 도를 닦는 듯이 편안한 모습으로 변하는가 보다. 시샘과 욕심을 내려놓은 할머니들의 모습은 고와 보였다.

내가 아무것도 모르는 친구들을 힘들어했듯이 저 형님들도 맹탕이면서도 공 친다고 덤비는 내가 가소로웠을 것이다. 거기다 공은 형님들보다 팡팡 멀리 날리니 얄밉기도 했을 것 같다. 알게 모르게 선배들에게 많은 것을 배웠겠지만 배운 것은 생각지 못하고 심부름시킨 것에만 불만을 가졌던 것 같다.

'나이스 파!'라는 전설의 별명을 가진 나는 '신 무식'이라는 별명도 싫지는 않다. 별명대로 무식하게 쳐대면 파란 하늘을 향해 공이 멀리멀리 날아가는 모습에 가슴에 막힌 것들이 뻥 뚫리는 것 같다.

처음 배울 때 어리벙벙했던 나 자신을 생각하여 골프 칠 땐 동반자들을 잘 배려하고 많이 다독거려 주려고 노력한다. 그리고 사소한 것이라도 칭찬을 많이 해준다. 많은 시간을 같이 보내는 동반자가 잘 치고 기분이 좋아야 내 기분도 더 좋아진다는 것을 알기 때문이다.

저분 참 불쌍하지 않아요?

근데 왜 저럴까?

라운딩을 시작하면 동반자인 부부는 나란히 산을 오르기 시작한다. 산 위로 날아가 버린 공들을 주워 오기 위해서다. 바위틈에 박힌 공들도 찾아오고 물속에 빠진 공도 건져 온다.

운동을 하러 온 걸까, 공을 주우러 온 건가. 살짝 짜증이 나기 시작한다. 평생을 모으면서 살았던 습관 때문이다. 많은 공을 주워 가는 그 부부를 보면서 잔돈 한 푼이라도 귀하게 여기는 저런 자세로 부자가 되었겠구나 싶었다. 이렇게 많은 공을 주워 가는 목적이 무어냐고 물은 적이 있다. 그들에겐 일리 있는 정확한 이유가 있었다. 두 가지란다.

"공 주우러 올라갔다 내려갔다 하면 이중으로 운동을 많이 하게 돼서 몸이 더 건강해져요."

무엇이든지 가성비를 꼼꼼히 따지는 부자의 근성이다. 또 하나는

"사위와 딸이 골프를 배운 지 얼마 되지 않아 공을 많이 잃

어버려서 걔네들 주려고요."

 자식들의 살림에 작은 것이라도 아껴주면서 고생 없이 부를 누리게 하고 싶은 욕심이 주된 이유다. 그 후 딸네가 숙련되어 공을 잃어버리지 않을 때가 됐어도 여전히 그 부부는 다른 사람들이 잃어버린 공을 주워갔다. 자기네 별장에 알록달록한 공으로 장식을 해 놓으니 화려하고 멋있단다. 자식들에게 아파트도 사주고 병원도 사준 사람들이다. 워낙 재산이 많은 집이라 나중에 물려줄 재산도 어마어마할 것이다. 그 많은 재산이 있어도 본인들은 지극히 아끼면서 산다. 근면과 검소를 신조로 삼아 평생 그렇게 살았기 때문이다. 돈을 쓸 시간이 점점 없어지고 있다는 것을 알면서도 생각은 바뀌지 않는가 보다.

 몇 년을 같이 공을 치다 보니 어느새 나도 공이 보이면 주우러 가게 되었다. 골프를 치는 자식이 있는 것도 아닌데 말이다. 그들이 주워 가는 예쁜 새 공들을 보면 샘이 나기도 했다. 이상한 일은, 공 주우러 가면 야단치며 못 가게 하던 남편도 이제는 공이 보이면 줍는다는 것이다. 체면 빠지고 고상하지 못하다고 속물 취급을 하던 사람이다. 그런 사람도 그 물에 오면 사람 특유의 적응력은 어쩔 수 없나 보다. 확률적으로는 소문난 부자들이 더 도망 나온 헌 공에 집착한다고 한다. 우리나라에서 으뜸가는 부자도 골프 치다 티 하나를 주우면 무척 좋아한다고 했다. 그가 무엇이 부족해서 그걸 줍고 싶었을까. 본능이라 할 수 있는 견물생심이 발동한 것이리라.

요새는 젊은 골퍼들이 많다. 공을 주우러 산을 타는 나이 든 회원을 보던 캐디가 말했다.

"사모님, 저분 참 불쌍하지 않아요? 저분 아들도 가끔 와서 공을 치는데요, 꼭 새 공만 쳐요. 아들은 새 공을 몇 개씩 잃어버려도 눈 하나 깜짝하지 않는데 저 부자 할아버지는 저러고 다녀요. 글쎄."

우리 세대는 산꼭대기까지 올라갔다 내려오면서까지 헌 공을 줍는다. 늙은 사람들이 탐욕스럽게 보이면서 불쌍해 보인다는 것이다. 캐디 입장에서 보면 얼마나 볼썽사나울까. 나도 찔끔했다. 최소한 젊은이들에게 불쌍하게는 보이지 말아야 할 것 같았다.

"집 나간 마누라랑 도망간 공은 찾는 게 아냐."
아들들은 이렇게 말하면서 새 공만 치며 공이 도망가도 찾으려 들지 않는다.

큰돈을 만지는 부자들의 특색은 잔돈에 굉장히 까다롭다는 것이다. 부자들이니까 잔돈 나부랭이는 우습게 알지 않겠냐는 판단을 한다면 천만의 말씀이다. 잔돈은 세세한 것 한 푼까지 따지면서 인색할 정도로 지갑을 열지 않는다. 공을 치며 내내 자기 재산을 자랑해 대지만 캐디 팁은 주지 말자는 사람도 있다.

"캐디들은 나름 적당한 보수를 받고 있으니 그 이상은 줄 필요가 없다고 생각해요."

그들은 몇십억이나 되는 무기명 회원권은 사야 한다는 판단이 서면 거침없이 사버린다. 무기명 회원권은 회원이 아닌 사람을 데려가도 회원 대우를 해준다. 싸게 칠 수 있으니 모두가 불러 주면 좋아한다. 그런 힘 있는 회원권을 사서 언제든지 공을 치고 싶을 때는 누구라도 불러서 하고 싶은 것을 거침없이 누리며 산다. 자본주의 사회에서 주위를 이롭게 해주는 사람은 자연히 갑이 되기도 한다. 확실히 부자들은 감이나 촉이 좋은 것일까. 뭔가 다른 것이 있는 것 같다.

돈이 돈을 번다는 공식처럼 그들이 사면 그 물건의 가격은 거의 오른다. 돈 냄새를 기가 막히게 잘 맡는다는 것이 부자의 특징이다.

부자 할아버지는 말한다.

"내가 새 공도 안 사며 친지들에게 밥도 안 사고 모은 돈으로 내가 죽으면 큰아들(나라)이 반을 가져가고 나머지는 내 자식들이 윤택하게 대를 이어 잘살게 되니 내가 제일 애국자야."

그 부자의 아들이 말한다.

"원래 버는 놈 따로 있고 쓰는 놈 따로 있는 법, 내가 낭비를 해야 경제가 돌지. 돈이 안 돌면 나라가 안 돌아간다고. 바로 내가 애국자야."

캐디도 말한다.

"나는 볼 꼴 못 볼 꼴 다 보며 골프채를 들고 무릎 아프게 뛰어다닌다. 피땀 흘리며 벌어서 자식들을 우리나라의 착실한 일꾼으로 길러내고 있는 내가 진정한 애국자야."

하모니카 반장

 같은 동네에 사는 시누이를 길에서 우연히 만났다. 하모니카를 배우고 오는 길이라며 나보고도 배워보라고 했다. 하모니카를 불면 호흡이 좋아지고 정신건강에도 이만한 것이 없다, 악기마저 크기가 작아 손안에 들어오기 때문에 아무 부담이 없다 했다. 나도 귀가 솔깃해져 한번 불어 보고 싶은 마음에 복지관으로 갔다.
 당장 초보들이 쓰는 하모니카를 샀다. 첫날 가니 도, 레, 미, 파, 솔, 라, 시, 도의 음을 찾아보라고 했다. 도인지 미인지도 모르고 후후 불어대니 선생이 나만 구석으로 가서 앉으라고 했다. 다른 사람에게 방해되는 모양이었다. 그건 당연한 것 아닌가. 나는 음이며 박자를 전혀 모르는 어리바리한 신입이니까.
 다른 사람들은 그때 하모니카를 벌써 2년 넘도록 배우고 있었고, 어떤 부인은 자신은 어릴 때부터 노래를 들으면 하모니카로 바로 불 수 있다며 구석에서 쩔쩔매는 나에게 자랑을 해댔다. 좀 눈치가 없어 보이지만 저런 멋진 재능을 가졌으니 얼마나 좋을까 하고 부러워했다. 선생은 나에게 시간마다 음이 다르니 집에서 연습 좀 하란다. 내 귀로 음을 들으면서 부르라는데 그 소리가 그 소리 같았다. 이 구멍이 도야? 미야? 아유, 어려워라. 그래도 노래방에 가면 박자는 엉망이지만 소리를 꽥꽥 질러 점수는 잘 나오기에 내가 이렇게 음치인 줄은 몰랐다.

　어렵사리 음을 알아 갈 때쯤 5도 화음을 배운다고 했다. 선생은 혀를 부드럽게 대라고 했다가 꽉 물라고도 했다. 네 구멍을 혀로 막고 한 구멍에서만 소리 나게 하라는데 화음이 섞여 나온다고 야단을 쳤다가 나중에는 다섯 개가 다 막혀 아무 소리도 안 난다고 또 야단을 쳤다. 이게 얼마나 어려운지, 열 사람 중에 세 사람은 안 되고 한 명은 절대 안 되는 사람이 있다는 것이다. 나중에 선생은 그 절대 안 되는 한 명이 바로 나일 것으로 생각했다고 했다. 나를 지레 포기한 선생은 야단을 그렇게 치면 다음에는 안 나오겠지 싶었는데 "안녕하세요?"라고 웃으면서 내가 제일 먼저 와 있다고 탄복하듯 말했다.

　그런데 나로서는 너무 재밌는 일이 생겼다. 노래만 들어도 하모니카로 다 불 수 있다는 그 부인이 나 혼자서 외롭게 불고 있는 구석, 내 옆자리로 왔다. 왕초보인 나와 똑같이 5도 화음을 연습하게 됐다. 그녀는 어렸을 때부터 누가 가르쳐 주지 않았는데도 스스로 5도 화음까지 익혀 버렸다고 했다. 그런데 혼자 익히다 보니 혀를 왼쪽으로 눕혀야 하는 것을 그만 거꾸로 익혀 오른쪽으로 혀를 눕혀 불었단다. 내가 보기에는 그런대로 아주 잘 부르고 있었으나 앞으로 계속하려면 왼쪽으로 꼭 고쳐야 한단다. 선생이 고쳐주려 하니 신입인 나보다 더 어려운지 몹시 힘들어하다 내 옆으로 오게 된 것이다.

하모니카는 배울수록 더 어려워지며 박자가 빨라질수록 오른쪽으로 혀를 눕히는 것은 아주 큰 낭패라고 했다. 그래서 힘들더라도 당장 꼭 바꾸라고 했다. 기초가 틀리면 단계가 높아지면서 한계에 곧 부딪히게 된다는 것이다. 정말 옳은 말이다. 뭐든지 기초가 튼튼해야 한다는 것은 나도 동감이다.

나는 매일 야단을 맞으면서도 꿋꿋이 버텼는데 이 사람은 이틀 만에 자존심이 상해버렸다나. 화가 나서 꼴찌인 나랑 못하겠다며 그만 배우겠다고 나가버렸다. 인원도 적고 실력도 몇 명 빼고는 어중간하여 그만두려고 했다는 선생은 그 부인이 나가자 당황한 모양이었다. 선생은 매일 야단을 쳐도 웃으며 나타나는 내가 너무 고마워서 인원이 적더라도 열심히 가르쳐 보겠다고 결심했단다. 그러더니 나더러 반장을 하라고 했다. 그 정도 근성이면 오랫동안 하모니카를 불 것으로 판단했다나. 그 부인 덕분에 난 반장이 되고 말았다.

악보를 복사하라면 비호처럼 달려가 해오고, 누가 결석하면 전화해서 챙겼으며, 인원이 너무 적으면 선생께 미안해서 다른 곳에서 하모니카를 불고 있는 아는 언니도 꼬여 왔고, 나에게 권유하고 정작 본인은 안 나오는 시누이까지 데려오는 등 애를 썼다. 아, 그런데 이 시누이는 호흡으로 불면서 소리를 아주 잘 낸단다. 말끝마다 반장보다 훨씬 낫고 앞으로 유망주라며 칭찬했다. 선생은 우리가 친구인 줄 알고서 하필이면 시누올케를 라이벌로 만들어 서로 실력을 상승시키려 한 모양인데 내 심정은 쪽팔렸다 할까. 음을 본능적으로 알아차리는 시누이가 나보다 훨씬 잘하긴 잘한다. 그러다 시누이는 손자들을 돌봐줘야 한다며 미국으로 가버렸다. 좀 허전하기도 하지만 얄궂은 부담은 없어졌다.

여기도 텃세가 있는지, 고수 두 명이 꼭 붙어 앉아 둘이서만 사이좋게 불고 있었는데 어느 날 하수 한 분이 중간중간 끼어서 하면 어떻겠냐고 제안했다. 서로 못하는 사람끼리만 하면 실력이 늘지 않을 수도 있겠다 싶었다. 다음날은 한 사람씩 교대로 앉아 보자며 그 고수들의 자리를 바꾸어 앉게 만들고 나도 고수 중 한 사람인 목소리 큰 실버 모델 자리에 앉게 되었다. 그러자 늦게 나타난 그 고수는 화를 벌컥 내더니 공부 안 하고 그냥 가겠다고 했다.

처음에는 달래면서 제자리에 앉게 하며 수습을 했는데 한 시간 내내 감히 자기 자리를 바꿔치기했다고 용심을 냈다. 하모니카를 제일 못 부는 반장이 되긴 했지만, 반장은 반장 아닌가? 그런 나에게 '감히'라는 말을 몇 번씩이나 쓰면서 화를 내? 나도 뒤끝 있는 여잔데 이걸 어떡할까. 기분이 상해서 복사를 해

오면 다른 사람에게 다 나눠주고 그 사람에게는 악보를 맨 나중에 건네주기 시작했다. 하지만 다행스럽게도 자기 기분대로만 선생에게 수업을 진행하게 하는 오만함도 조금씩 없어지기 시작하더니 괜히 나를 칭찬하며 말을 걸어온다. 모델이라서인지 항상 깔끔하고 예쁜데 그러는 그녀가 요즈음은 나도 살짝 좋아지고 있다.

집에서 연습도 안 하고 결석도 가끔 하지만 이젠 기법도 조금 넣으면서 따라가고 있다. 잠 안 오는 밤이면 「비목」도 불어 보고 「유 레이즈 미 업」도 서투르나마 조용히 불어 본다. 복식 호흡으로 불어야 하니 조금씩 호흡도 길어진다는데 그것까진 아직 모르겠다.

성악가 출신인, 88세의 멋쟁이 할머니도 있었는데 공부를 하기보다는 그냥 사람들을 만나러 오는 듯했다. 평생을 고생 모르고 살아온 듯 사회적으로 성공한 아들들 자랑을 수업 시간까지 해댄다. 분위기를 산만하게 하여 신경이 쓰였다. 선생님 간식도 챙겨오시고 하니 수업이 끝나면 차렷 경례 구령을 하라고 부탁했더니 무척이나 좋아하셨다. 샘도 많고 머리 회전도 젊은 사람보다도 훨씬 빠른 분이다. 저 나이에 나는 어떤 모습일까? 아니, 살아나 있을지.

그 학생이 미수연을 할 때 호텔까지 가서 비록 음도 안 맞고 박자도 안 맞지만 우리 반 학생들이 반장인 나의 리드로 하모니카 연주를 했다는 게 아닌가. 관중은 우리를 모두 여든여덟 살로 보는 듯 틀려도 기특하다는 듯이 박수를 쳐댔다. 우리는 답례로 주는 스테이크를 맛있게 먹고 구순 잔치에 또 오시라는 큰아드님의 초대까지 받았다. 우리 같은 엉터리 연주자를 여기 아니면 어디서 또 초청해 주겠느냐면서 다들 깔깔 웃으면서 돌아왔다.

알랭 들롱이 뭐길래

찡그리며 담배를 꼬나문 표정은 섹시함이었을까. 프랑스 하면 멋있는 그가 먼저 떠올랐다. 그 영향인지 해외여행 붐이 일기 시작하자 제일 먼저 파리로 갔다. 파리를 몇 번 가다 보니 이젠 알랭 들롱의 멋진 별장이 있다는 니스가 보고 싶었다. 세잔과 고흐도 만나며 눈과 입의 호사를 누리며 니스를 낭만적으로 만끽하고 오리라 잔뜩 기대를 걸고 남프랑스를 향해 출발했다.

럭셔리하게 전세기를 타고 마르세유에 내렸다. 첫날 「암굴왕」, 그러니까 「몽테크리스토 백작」의 배경지인 이프 섬에 갔다. 어렸을 때 흥미진진하게 읽었던 장면들을 떠올리며 재미있게 관광했다. 모두 즐거워하는 사이 일행 중 한 사람이 메고 있던 가방에서 현금을 소매치기 당했다. 인솔자는 우리나라 전세기가 떴다 하면 프랑스 주변 국가에서 소매치기들이 모두 모여든다고 했다. 한국 사람들이 현금을 많이 갖고 다니기 때문이란다.

다음 날 아침 호텔 뷔페에서 식사할 때였다. 어제 소매치기를 당했던 사건이 있었기에 음식 접시를 들 때도 여권과 카드, 돈이 든 가방을 목에 걸고 다녀야 했다. 거북하기도 하고 품격이라고는 찾아볼 수 없는 모습이다. 손님은 우리 일행뿐이었다.

키가 크고 날씬한 젊은 프랑스 남자가 내 옆자리에 앉는다. 옷도 멋있게 입었고 음식도 간단하게 담아서 우아하게 먹는다. 맞아, 알랭 들롱의 나라지. 역시 이 나라 남자들이 잘생겼구나.

미남만 보면 알랭 들롱을 보는 듯 혹하는 나는 슬그머니 그 남자를 살피고 있었다. 하다못해 손가락까지 가늘고 예쁜 남자, 먹는 것도 조금만 가져와서 찬찬히 먹는다. 나도 우아하게 조금 먹고 커피를 가지러 갔다. 목에 건 가방이 거추장스러웠고 호텔이란 장소에 어울리지 않는 것 같아 순간 의자에 두고 갈까 생각하다가 그 자체가 귀찮아서 그냥 메고 갔다. 커피를 갖고 오니 내 오른쪽 옆 의자에 또 다른 남자가 앉아 있다. 이 남자 역시 왜 이렇게 멋있는 거야. 멋진 두 남자를 흘끔거리며 커피를 맛있게 마시고 방으로 올라왔다.

우리 일행 중 한 부부가 내가 앉았던 그 자리에 앉았다가 목에 걸었던 가방을 통째로 잃어버렸다. 우유를 가지러 가면서 부인이 남편에게 가방 잘 보라고 인계를 하고 잠깐 갔다 왔단다. 남편은 등 뒤에 있는 설탕을 집으러 잠시 뒤돌아봤을 뿐이었다. 식당엔 우리 일행 말고 그 멋쟁이 두 청년뿐이었다. 예쁜 손을 가진 말끔한 청년들의 재빠른 손놀림이었다. 첫 표적인 내가 흘끔거리며 오히려 그들을 살피니 때를 놓쳤고, 다음 타자가 당해버린 것 같다. 알랭 들롱 생각이 나서 젊은 미남들을 관찰했던 덕분이니 속으로 '역시 알랭 들롱이야.' 하고 쾌재를 불렀다면 다음 타자에게 너무 송구스러울까.

여권을 잃어버리면 우리나라 영사관이 있는 파리로 가서 다시 만들어야 하기에 그들은 여행의 하이라이트인 칸과 니스 관광을 포기해야만 했다. 칠순 기념 여행으로 자식들이 모아준 경비와 남편이 부인에게 큰 선물을 사주려고 비상금을 턴 돈까지 몽땅 잃어버렸다 했다. 곱게 늙어가는 남편은 허탈하게 허허 웃고 있었다. 가이드에 의하면 지금은 우리보다 현금을 더 많이 갖고 다닌다는 중국인들이 우리를 제치고 소매치기대상 1위로 뛰어올랐다고 했다. 2위로 추락한 한국 여행객들, 어디를 가도 나를 포함한 한국 여행객들만 눈에 띈다. 나라가 부강해졌다는 뜻일까. 아니면 해외에 나가 가진 돈을 다 써버리고 말자는 한을 품은 것일까.

젊었을 때 배우처럼 잘생겼던 사람들도 늙으면 그냥 평범한 할아버지, 할머니일 뿐이다. 그래도 알랭 들롱의 최근 모습은 아직도 멋있다. 흠모하면서 한 번쯤 품에 안겨볼 수 있으면 얼마나 좋을까 하고 꿈꾸던 사춘기 소녀였던 나도 영락없이 늙어가는데 인터넷 속의 그는 뚱뚱하지도 않고 쳐지지도 않은 모습이었다. 세계 3대 미남으로 한 세대를 풍미했던 그도 말년인 지금 대저택에서 애견과 둘이 살고 있으며 쓸쓸하고 외롭다고 했단다.

여배우들과 염문을 뿌리고 경호원을 살해했다는 혐의로 오랜 시간 재판을 받았던 그다. 화려하고 근사하기만 한 일생이란 누구에게도 없는 듯하다.

성장기에 불우했던 소년이 세계적인 인기 배우로 성공했다면 잘생겼을 뿐만 아니라 그 나름대로 고통을 겪고 근성도 있었기 때문일 것이다. 소매치기 두 청년도 멀쩡한 겉모습으로 보아 마음만 잘 잡으면 어떤 길에서든 두각을 나타낼 수도 있을 것 같은데. 그들도 세월이 흘렀을 때 알랭 들롱처럼 멋있게 늙어가기를 기원해 본다.

꼬불꼬불 산길을 멀미하면서 몇 시간을 갔다. 수도사들이 직접 라벤더를 재배하여 수도원을 유지한다는 곳, 세낭크 수도원에 가니 이미 라벤더는 다 베어지고 밭고랑만 보였다. 우리는 수도원의 회색빛 지붕까지는 보았다.

"수도원은 볼 수가 없으니 화장실 들르시고 기념품 사실 분은 사세요. 30분 후에 이 자리에서 출발할게요."
가이드도 멀미를 했는지 시큰둥하게 말했다.

우리는 줄을 서서 화장실에 들렀다가 차 속에 걸어두는 방향제인 라벤더 주머니 몇 개를 사 들고 부랴부랴 버스에 올랐다.

알랭 들롱 별장을 보여주러 몇 시간을 달려가 지붕만이라도 보여주고 화장실 다녀오라고 했다면 어땠을까. 쌀쌀맞고 체력 고갈될까 봐 최소한의 말만 하는 그녀를 그래도 고마워했을 텐데.

달리는 버스 차창으로 보이는 아름다운 해변을 바라보며 파란 하늘까지 음미하고 있는데 갑자기 가이드가 말했다.

"저기 예쁜 집들이 보이죠? 저 속에 알랭 들롱 별장도 있어요."

"어디? 어디?"

모두 고개 돌려 가이드가 가리키는 쪽을 보는데 이미 별장 지대를 지나친 버스는 파란 하늘 밑으로 신나게 달려가 버렸다.

해외여행에서는 가이드의 역할이 대단히 중요하다. 가이드는 해박한 설명과 세심한 배려로 손님들을 편안하게 해주고 끝까지 안전을 책임져야 한다.

비용도 많이 들어 그만큼 결과도 좋으리라 기대했던 남프랑스 여행은 실망이 컸다.

나이를 먹어선지 피곤해하고 뭐든 귀찮아하기만 했던 가이드는 질문도 한꺼번에 하라고 타박을 줬다.

관광하는 장소만 설명해 주었을 뿐 그 외에는 질문도 못 하게 한 이상한, 본인 스스로만 베테랑으로 자부하는 가이드였다. 현지 가이드가 필요 없다며 자기 혼자서 다 하겠다고 덤볐던 그녀의 무모한 욕심이 몇 년이나 이 여행을 고대하고 기다린 여행자들에게 막대한 피해를 줬다는 사실을 알기나 했을까. 일할 시간이 몇 년 안 남았다는 초조함에 혼자만의 욕심으로만 밀어붙인 여행으로 기억될 것 같아 안타까웠다.

여행 전에 샅샅이 공부해 가는 여행자가 있는가 하면 나처럼 일단 현지에 가서 가이드에게 듣고 복습으로 정리하는 게으른 여행자도 있다. 칸에서는 빨간 양탄자 위에서 달랑 사진 몇 장 찍은 기억뿐이고 니스는 그레이스 켈리가 행복하지 않았다고 들어서인지 아담한 궁전조차 슬퍼 보였다. 궁전 앞에 그녀의 예쁜 사진이 보였다. '세상에 저렇게 예쁜 여자도 있었구나' 하고 그 사진 앞에서 포즈를 취해보니 내 미모가 너무 안 받쳐주는 것 같아 '여길 봐라, 저길 봐라' 하고 스마트폰 카메라 버튼을 눌러대는 남편에게 사진은 이제 고만 찍자고 했다.

새벽 바다에서 자갈 위에 가운을 벗어 던지고 풍덩 바다로 뛰어들어 자연스럽게 아침 수영을 하는 칸 시민들, 수영 후 저마다 일상으로 빠져들어 가는 그들은 「태양은 가득히」 속의 알랭 들롱만큼 멋져 보였다.

보따리

여고 동창 모임에서 베트남 다낭으로 단체 여행을 떠났다. 다들 잔주름을 감추려고 선글라스를 끼고 일렬로 늘어서서 포즈를 취하고 사진을 찍었다. 아무것도 아닌 일에도 웃어대는 맛이 즐거웠다. 학교 다닐 때의 추억 보따리들을 풀어 헤치며 깔깔 웃는, 늙어가는 소녀들이 거기 있었다.

그래도 언제부턴가 동창들과 함께 떠나는 해외여행이 편하지만은 않게 되었다. 나이가 들어가니 먼 여행길에서 서로 챙겨주는 정도 줄었고 룸메이트 정하는 문제에도 예민해지는 것 같았다. 성격들이 다 다르고 잠버릇도 다 다르니 잠을 못 잤다고 짜증을 내는 친구들도 나온다. 그러면 그 룸메이트는 은근히 마음이 쓰여 불편해지기도 한다. 그래도 시간이 지나면 지금 느끼는 모든 불편도 즐거운 추억이 되어 웃음보따리가 될 것이다.

짤막하게 사흘간 관광한 후 귀국하는 날이었다. 동남아 여행은 대개 밤 비행기로 갔다가 밤 비행기로 돌아오는 일정이라

좀 피곤하다. 나는 폐소공포증이 있어 비행기를 탈 때도 답답하지 않은 자리를 얻으려 애쓴다. 그런데 나보다 더 심하게 고소공포증을 느끼는 친구가 있었다. 그 친구는 탑승하기 전에 수면 유도제를 먹고는 비행기에 타자마자 자버린다. 그러면 높은 곳에서 느끼는 공포를 알아차리지 못하고 쉽게 여행할 수 있다고 했다. 옆 사람이 많이 챙겨줘야만 하는 친구다.

이번에는 항공사의 VIP 고객인 다른 친구의 배려로 나랑 그 친구가 비상 출입구 앞 좌석을 얻게 됐다. 가운데 자리에 앉은 그녀는 수면제를 먹어선지 말이 어눌해지는 것 같았다. 앉자마자 친구에게 먼저 안전띠를 매고 편안하게 기대어 자라고 거들었다. 친구는 두 손으로 벨트를 매는 것 같더니 바로 잠들어 폴더 폰처럼 허리가 접혔다.

이윽고 비행기가 움직이기 시작하여 한창 활주로를 달리고 있던 참이었다. 친구의 등을 있는 힘을 다해 붙잡고 있었는데 돌연 그녀는 쿵 소리와 함께 앞면 벽으로 높이 튕겨 나가 우리 발 앞에 털썩 떨어졌다. 세상에 이런 일이 있을 수도 있을까. 꿈쩍 않고 그냥 엎어져 있는 친구를 보고 머리를 다쳐 죽은 건 아닐까 싶어 멍하니 바라만 보고 있었다. 승무원이 놀라서 달려와 왜 그러냐고 물었다. 수면제를 먹어서 그런다고 대답해 주었다. 아마 잠결에 벨트를 매는 시늉만 하고 잠에 빠진 듯했다.

그런 난리가 났는데도 그 친구는 잠만 자고 있었다. 묻는 말에 대답도 다 하면서 죽도 먹고 요구르트랑 파인애플까지 깨끗이 먹어 치운 것은 무의식적인 행동이었나? 아무튼 그녀는 수면제 덕분에 숙면하면서 아무 고통 없이 인천공항까지 잘 도착했다.

난 그러는 친구를 끝까지 한 손으로 잡고 있었다. 식사도 못 하고 잠 한 숨 못 자며 그 친구를 보살폈다. 그렇게 놀라운 사건이 일어났는데도 아무것도 모르고 자는 모습을 보니 이러고도 여행을 하고 싶다는 친구가 측은했다.

인천 공항에 내리니 잠에서 깨어난 친구가 아무것도 모른 채 잘 잤다고 웃는다. 프라다 거위 털 코트 뒷자락이 다 뜯어져 거위 털이 허리께에서 날리고 있었다. 내가 뒤로 잡아당기느라 찢어진 흔적이었다. 나의 어디에서 저런 힘이 나왔을까. 얼마나 큰 힘을 썼으면 저렇게 두꺼운 프라다 천이 저 지경으로 찢어지게 할 수 있었을까. 정작 다친 사람은 아무렇지도 않은데 옆에 있었던 나는 초인적인 힘을 발휘해서인지 초주검이 되어 집에 돌아왔다. 짐을 푸는 둥 마는 둥 하고 쓰러져 잤다. 기진맥진한 상태로 며칠을 앓았다. 교통사고를 당한 것처럼 후유증에 시달리던 나는 튕겨 나갔던 친구는 오죽할까 싶어 전화를 해봤다.

"머리에 큰 멍울이 생겼어. 얼굴로 퍼렇게 멍이 내려앉고 있어."

"이 정도 사고는 위자료를 받아야 한다더라. 아는 판사가 항공사와 보험회사에 위자료를 신청하라고 하더구나."

"그 판사가 네가 승무원에게 수면제를 먹었다고 말해버린 것이 문제가 되었다는구나."

"네가 보험회사에 인터뷰도 해주고 너의 여권에 찍힌 다낭편 직인이 필요하니 항공사랑 보험회사에 여권도 좀 보내 주라."

난감한 것은 내 여권이 사라져 버렸다는 사실이다. 혼이 쏙 빠지고 잠 한숨 못 잔 후유증으로 여권을 어디 두었는지 온 집을 다 뒤져봤으나 찾질 못했다. 항공사에 소송을 하려고 했다나. 친구는 승무원에게 수면제를 먹었다고 말해버린 나의 말이 문제가 됐다고 했다. 안전띠는 애초에 잘 매고 있었다는 것이다. 아무것도 모르고 잠만 잤으니 어찌 그 상황을 이해할 수 있겠는가. 주위 사람들 말만 듣고 보상금 운운하는 모양이었다.

아닌 게 아니라 며칠 지나자 옆에 있었던 내가 올바르게 대처하지 못했다는 소리를 다른 친구에게서 전해 들었다. 곧바로 비행기 내 책임자를 불러 문제를 제기했어야 하는데 그러지 않았다, 힘든 자기에게 복도 쪽 자리를 양보하지도 않았다는 것이다. 그 말이 옳은 말일 거야. 책임자를 불러 문제를 제기 했어야 했는데 미쳐 그런 생각은 못 하고 놀라서 멍청해 있었던 것이 사실이었다. 그러나 만약 자리를 바꿔줬다면 친구는 승무원이 앉아 있는 곳까지 날아가 대형 사고가 났을 것이다.

"얘! 물에 빠진 사람을 구해주면 보따리 내놓으라고 한다는 말이 맞는 것 같더라"

다른 친구가 나를 위로했다.

그 친구의 말이 내 귀에는 들어오지도 않았다. 지금 여기에 친구는 살아 있잖니. 살았으니 그런 불평도 하고 당연히 보상금도 받겠다고 저러는 것이다. 저렇게 할 수 있는 친구가 난 고마울 뿐이라고 말했다. 본인은 잠만 잤으니 뭘 알겠느냐는 내 말에 위로하려고 전화했던 다른 친구는 할 말을 잊은 듯했다.

수면 유도제의 위력이 대단하다는 사실을 실감했다. 아무것도 인식하지 못한 채 죽을 수도 있고, 식은땀을 흘리며 곧 죽을 듯한 공포마저 잊게 해주기도 한다. 수면제를 먹는 것이 좋다, 아니 먹지 말아야 한다는 등 여러 가지 설이 있다. 친구의 경우는 먹어야 한다고 본다. 공황장애는 무서운 상황으로 치달을 수 있으니까. 다만 용량이 중요하고 먹는 시점이 중요하긴 하다.

아무튼 뭣이 중하겠니.
아무 후유증 없이 제발 오래, 오래 건강하기만 해주라.

인신 공양

중남미에는 잉카문명과 마야 문명의 흔적이 남아있다. 찬란했던 제국들의 허망한 몰락과 기후의 난조를 이기지 못하고 소리 없이 사라지는 역사를 말해주는 흥미 있는 곳이다. 이곳을 여행하며 잉카의 멸망과 마야의 멸망 속에 인간들의 탐욕과 이기적인 삶들을 엿보았다.

'잉카'는 '태양의 아들'이라는 뜻이다. 여러 민족을 정복해 13대 황제까지 배출, 제국의 이름으로 영화를 자랑하던 우수하고 막강한 민족이 이복형제간의 내란으로 어수선해졌다. 아우가 형의 땅까지 차지하려는 욕심으로 형을 속여 사로잡아 가두었다 한다. 이때 금과 많은 자원을 욕심낸 스페인이 신부를 시켜 그가 형을 속였던 것과 똑같은 방법으로 어리석은 왕을 초대해 총 몇 발로 사로잡아 버렸다. 그 바람에 8만 대군이 싸움 한번 못하고 200명의 스페인 군사에게 맥없이 멸망해 버렸다고 한다.

모든 국민이 유일신인 태양신을 믿고 있었는데 왕은 천주교로 개종하고 죽었다. 몸이 없어지면 천국엘 못 간다고 믿는 왕을, 신부는 화형을 처형으로 바꿔 준다는 조건으로 세례를 받으라고 꼬드긴 것이다. 자연재해가 닥쳤을 때나 나라에 특별한 일이 있을 때 주로 여자의 심장을 태양신에 바치면서 끌어나가던, 찬란했던 제국의 영화는 그렇게 탐욕에 찬 어리석은 왕 때문에 허망스럽게 사라진 것이다.

인간들은 왜 내세를 현세보다 더 중시할까. 천국이 있기는 할까. 황금이 많이 나는 남의 나라를 빼앗기 위해 속임수까지 쓴 신부의 천국은 어디쯤 있을까. 또 천국에 가기 위해 자기가 믿던 신과 백성들까지 버린 왕은 정말 천국에 갔을까. 신부는 황금을, 왕은 내세를 위해 탐욕貪慾을 부린 것이다. 시작은 끝을 암시하고 끝은 시작을 부르듯 모든 것이 무상無常의 소치 아니겠는가 싶다.

마야인들은 건축과 천문학에 뛰어났고 태양력을 만들었으며 최초로 0을 사용했다 한다. 금속이나 바퀴 없이 돌을 깎고 각도대로 끼워 맞춰 성도 짓고 신전들도 지었다. 치첸이트사 쿠쿨칸 신전의 공법은 불가사의라 했다. 신전 자체가 태양력이다. 피라미드로 4계절을 다 볼 수 있고 365개 계단으로 일 년을 알 수 있다. 춘분과 추분에는 태양신의 화신이라는 뱀의 모습을 피라미드의 자태에서 정확히 볼 수 있다 한다. 태양 빛이 반사되어 뱀의 형상이 나타나도록 설계했다는 것이다. 이 마야인들은 태양신이 뱀과 앵무새 그리고 표범의 모습으로 땅에 온다고 믿어 이 세 동물을 신성시했다. 놀라운 것은 피라미드 앞에 서서 손뼉을 치면 앵무새의 울음소리가 나는 것이다. 신전 꼭대기에 앉은 제사장이 앵무새 울음소리가 나면 신이 허락한다는 뜻이라며 올라와 자기를 만날 수 있게 윤허해 주었다 했다, 나도 손뼉을 쳐봤다. 손뼉 치는 소리가 새의 울음으로 금방 변한다. 공명의 신비다. 너무 신기했다.

그렇게 과학적이고 놀라운 커다란 문명도 가뭄만은 어쩌지 못했나 보다. 기우제에 사람을 제물로 바치면서까지 신에게 빌었던 것이다.

마야인들은 벽에 걸려 있는 바구니에 손을 쓰지 않고 발만 사용하여 고무공을 집어넣는 게임을 했다고 한다. 한 팀에 일곱 명씩 두 팀이 겨루어진 팀의 장수가 이긴 팀의 장수를 신에게 봉납하는 행사를 했다고 했다. 제물은 훌륭해야 하니 이긴 장수가 제물이 되는 것이다. 오히려 전사들은 영광으로 알고 이 게임에 이겨 제물이 되기 위해 고전분투했다고 한다. 벽화 속에는 한 장수가 왼손에 피가 뚝뚝 떨어지는 다른 장수의 머리를 들고 있다. 마야인들은 핏속에 영혼이 있다고 믿었다. 그 목에서 흐르는 피를 타고 영혼이 천국에 간다고 믿었다. 또 그 피가 자손들을 영화롭게 하며 그들을 보호해 준다고 믿었다고 한다. 그래서 죽임당하는 게 최고의 영광이라 생각하고 열심히 이겨 죽어갔다고 했다. 또 어느 때는 14살 이하의 소녀를 제물로 하여 공양을 바쳤다고도 했다. 죽기 전날에는 맛있는 음식을 먹여 주었다는데, 어린 애들이라 하지만 내일이면 죽는다는 사실을 알고 있는데 음식을 맛있게 먹을 수 있었을까.

그렇게 인신 공양으로 천국에 갔을 생전의 모습들이 담벼락에 빙 둘러 조각되어 있었다. 그것도 머리만. 벌떡대는 심장이 꺼내어지고 무딘 돌칼에 목이 잘리면서 비명에 죽어간 수없이 많은 얼굴들을 천천히 둘러보았다. 과연 이들이 기쁘고 영광스럽기만 했을까, 의구심이 생겼다. 내 눈엔 그들의 눈 속에서 겁도 보였고 슬픔도 보였다. 그리고 후회마저 보이는 것 같았다.

이건 무얼까. 최고의 보시라 할까, 최고의 탐욕이라고 할까. 아무리 내세가 있다 한들 다음 세상에 잘 태어나기 위해 현 세상을 포기하고 천국이 무엇인지도 모르면서 즐겁게 죽어갈 수 있을까? 자의든 타의든 간에 인신 공양이라니!

마야인들은 죽음에서 영원한 삶을 추출해내고 죽음과 삶을 일치시키는 원리대로 살았던 것 같다. 인간들의 지독한 이기심이 만들어낸 불가사의가 아닌가 싶다.

그토록 많은 제물의 머리 조각상들이 있었으나 결국엔 가뭄 때문에 거대한 마야 문명도 소리도 없이 스르르 무너졌다 한다.

꽃보다 청춘으로

오렌지색 가사를 어깨에 스르르 걸친 스님들이 탁발하는 모습을 TV에서 본 후 라오스에 다녀오고 싶어졌다. 자연이 잘 보존되어 있고 힐링의 메카라고 하며 95%의 국민이 불교를 믿으니 곳곳에서 생활 불교의 정서를 만끽할 수 있을 것 같았다.

나영석 PD가 TVN 예능 프로그램 「꽃보다 청춘」으로 소개해 한국 사람들이 너도나도 다녀온다는 곳이다. 사회주의 국가이면서도 우리나라와는 우호적이어서 무비자 입국이라는 특별 대우를 해주는 나라다. 순수하고 아직 경제적으로 어려움을 겪는 이곳이 요즘 우리나라 관광객들을 통해 활기를 얻고 있다고 한다. 지금 한국 사람들의 위상이 동남아에선 대단하다. 국내에선 IMF 경제 위기 이후 최악의 불경기라 하는데, 거기서 관광하는 사람들은 온통 한국 사람들뿐인 것 같았다.

스님들이 탁발하는 자리에서 한국 여행자들이 공양하는 일정이 있다. 「꽃보다 청춘」의 발자취를 여행자들이 그대로 따라

하고 싶어 해서 생긴 프로그램이다. 아예 여행사에선 전용석을 사서 2달러씩 받고서 여행자들에게 찰밥을 나눠주고 조그만 플라스틱 의자도 하나씩 안겨준다. 그 나라에는 우유가 안 나니 각자가 따로 우유를 사서 탁발 나온 스님들에게 태국식으로 공양을 했다. 그걸 받아든 스님들은 한창 성장하는 아이들에게 그 우유들을 넘겨준다고 했다.

　서양 관광객들은 줄줄이 앉아서 스님들에게 공양하는 우리의 모습이 진귀한 풍경이라며 촬영을 한다. 그들에게는 오히려 우리가 볼거리라고 했다. 일행 중에는 기독교를 믿는다면서 공양도 안 하고 우윳값도 못 내겠다는 개성 강한 여행자들도 있었다. 우리는 비바람이 세게 불어오는 새벽에 털모자에 내복도 여러 겹으로 껴입고 지정해 준 자리에 앉았다.

　얼마 후 홑겹의 면 가사를 입고 어깨를 드러낸 어린 스님들이 맨발로 줄을 지어 나타났다. 내 앞을 지나가는 스님들에게 찰밥 한 수저와 우유를 건네면서 나는 미안한 마음마저 들었다. 그렇게 추운 새벽에 추운 기색도 없이 무표정으로 하는 탁발에 우리는 단지 즐거운 추억을 만들기 위해서 참여하고 있었던 것이다. 어린 스님들은 무엇을 수행하느라 이 추운 날 저리도 측은하게 비를 맞으며 맨발로 고행하고 있을까. 저들도 저들을 위해 열심히 기도하고 있는 누군가의 귀하디귀한 자식들일 텐데 말이다.

「꽃보다 청춘」의 위력은 상상도 못 할 정도였다. 촬영지였던 장소와 동네는 지금 자본주의가 유입되면서 돈들이 뛰어다닌다고 했다. 덕분에 문화가 발전하기 시작하고 경제가 두드러지게 좋아지는 모습이 보였다.

바다가 없는 라오스에는 암염 지대의 지하수를 퍼 올려 자연건조 시키거나 장작을 때어 수분을 증발시켜 소금을 얻는다는 곳이 있다. 「꽃보다 청춘」에 나온 바람에 갑자기 한국 사람들이 물밀듯이 다녀간다는 곳이다. 볼 것이라고는 아무것도 없는 조그만 염전 마을인데 요사이는 그곳 아이들이 학교에 안 간다고 했다. 한국 사람들이 오는 것을 기다려 한국말로 인사를 하면서 예쁜 짓을 하여 팁을 받는 맛을 알았기 때문이라는 것이다. 사회주의 국가인지라 마을에선 촌장의 권력이 대단하여 그 마을의 촌장은 재벌이 되는 중이라고 했다. 그가 입장료를 받아 챙기기 때문이다. 우리나라 사람들이 지나가고 나면 「꽃보다 청춘」을 본 중국 사람들이 물밀듯 몰려올 것이라고 현지 가이드는 확신했다.

한류에 물들어가는 동남아에서 볼 수 있는 현상이다. 나영석 피디의 발자취를 따라가는 여행객들이 세계 곳곳을 누빈다. 그 나라를 발전시키고, 또는 어떤 식으로든 그 나라를 오염시키고 있다.

가는 날이 장날이라고, 우리가 방문한 그 전날부터 라오스에는 사상 최악의 추위가 먼저 도착하여 우리를 마중 나왔다. 더운 나라의 비바람은 몇 배나 더 추웠다. 아무 데도 더운 구석이 없었다. 버스도 춥고 호텔도 눅눅하여 몸이 으슬으슬했다. 따뜻하게 할 방법은 호텔 방에 있는 드라이기로 따뜻한 바람을 쐬는 것뿐이었다. 우리는 그만 꼼짝없이 나흘을 오들오들 떨기만 한 최악의 여행을 하고 말았다. 다만 그 빗속에서 집라인을 탄 경험만은 최고였다. 정글 속에 큰 나무와 건너편의 나무 사이에 쇠줄을 매어놓았는데, 타잔처럼 그 줄을 타고 이리저리 건너다니는 것이다. 이것 하나 건져 간다고 해도 여한은 없는 것 같았다.

수도인 비엔티안에서 방비엥으로 가는 데는 일곱 시간 정도 걸린다. 도중에 펼쳐져 있는, 해변과 절벽이 어우러진 세계적인 비경을 우리는 보지 못했다. 바람과 함께 비가 억수같이 쏟아져 아무것도 보이지 않는 컴컴한 차창 밖을 지루하게 바라볼 수밖에 없었다. 춥기만 한 차 속에서 문득 미사일을 쏴 올렸다는 북한이 떠올랐다. 주위의 사회주의 국가들은 우리나라의 영향으로 경제가 좋아지고 있다. 그들은 우리나라와 더불어 상승가도를 달리려고 한다. 그러나 우리의 동포인 북한은 먹을 것도 없는데 하늘에다 돈을 쏘아 올리니 어쩌면 좋을까. 아마 그것만이 그들이 쥘 수 있는 칼자루인가 보다. 여유롭지 못하고 막다른 골목으로 몰리면 악밖에 남지 않아서일 것 같다.

'나영석 피디가 북한으로 조인성이나 송중기, 이민호를 데리고 가서 「꽃보다 청춘」을 한번 찍을 수 있으면 얼마나 좋을까' 하고 뜬금없이 생각했다. 그러면 우리가 지나는 길목마다 관광지가 되고, 중국 사람들이 들어가서 많은 돈을 풀고, 서양 사람들까지 그 모습들을 촬영하러 몰려들지 않을까.

그런 생각이 실현되어 북한도 우리와 더불어 문화적으로나 경제적으로 발전할 수 있다면 좋을 텐데, 피를 나눈 형제인데 어쩌다 우리는 이렇게 됐을까. 서로에겐 나눠주기를 싫어하고 일본과 중국 그리고 미국에 의해 우리가 분단됐건만 그들과는 교류합네 하고 악수를 하고 있으니.

「꽃보다 청춘」으로 세계 각국을 순식간에 뜨거운 관광지로 띄워 줄 수 있는 우리의 파워가 놀랍다. 그런 우리 한국 사람들의 강력한 힘을 왜 같은 민족에게는 발휘하지 못하고 있을까. 정치나 사상 같은 것은 몰라도 우리 국민이 부처님의 미소로 그들을 껴안아 동남아의 다른 국가들처럼 더불어 살아갈 방법이 아예 없진 않을 텐데.

라오스와 베트남 등 여러 국가가 우리를 등에 업고 발전해가는 것을 보니 더 안타까운 마음이 들었다. 우리 힘으로 소통하여 점차 통일하여 강한 나라가 됐으면 좋겠다. 그래서 전쟁의 불안 없이 우리 후손들이 맘 놓고 살 수 있으면 좋겠다. 느닷없이 주룩주룩 비가 오는 소승불교의 나라에 와서 보살이 된 듯 애잔한 마음으로, 나는 우리 동포들을 위해 대승적으로 열심히 기원하고 있었다.

52년생 김지영

아내 몰래 남편이 비상금을 모아 자전거를 샀다. 점심시간에 직장 근처에서 자전거를 타며 희열을 느끼던 남편은 얼마 못 가 아내에게 들키고 만다. 직장과 육아에 지친 젊은 아내는 자전거를 즐기는 남편을 보자 이단 옆차기로 남편의 가슴팍을 차 버린다. 그러더니 급기야는 무릎 꿇리고 두 손을 높이 들게 하며 반성하라고 폭력을 쓴다. 얼마 전에 끝났던, 가장 인기 있었던 주말 드라마의 한 장면이다. 30년 전 가부장제가 지금보다 더 견고하여 많은 남자가 아내에게 폭력을 행사할 때도 이단 옆차기로 아내를 때리는 장면은 없었다. 남녀노소가 모두 볼 수 있는 매체에서 남편을 패는 장면은 심의에서 걸러지지도 않았다.

드라마 「82년생 김지영」에 나오는 주인공은 이 시대의 며느리다. 육아 때문에 자기 계발을 못 하게 되자 정신적인 강박 속에서 할머니나 어머니 세대로 빙의하는 형식으로 자기를 드러낸다. 아이를 키우느라 여자들이 사회에서 소외당하는 모습을 보여주며 자기 미래를 보장하라고 데모하는 영화 같았다. 새삼스럽게 남녀평등을 주장하는 것일까. 영화에서는 부모와 아내의 비위를 맞추느라 중간에서 안절부절못하는 김지영의 남편이 거꾸로 남녀평등을 외쳐야 할 것 같았다.

자식을 안 낳는다느니, 하나만 낳겠다느니 엄포를 놓으니 윈 가족에게 체면이 안 서는 남편은 자식을 갖고 싶은 마음에 무릎을 꿇고 갖은 아양을 다 떤다. 자연히 함께 육아를 책임지겠다고 약속한다. 남편은 어려운 세상에서 생존경쟁 속에 허덕이다 집에 들어와 마음 놓고 쉬지도 못한다. 가사나 육아를 도운 후에야 잠을 잘 수 있다. 산후 우울증에 걸린 아내가 걱정스럽기 때문이다.

「82년생 김지영」들은 정신이 허약한 것처럼 보이나 천만의 말씀이다. 부모에게나 자식에게나 조금도 희생하지 않겠다는 의지가 보인다. 어떻게 보면 주변에 어깃장을 놓고 있는 것도 같다. 그렇게 해서라도 그 상황에서 탈출할 계기를 만들어내는 영리함이 돋보인다. 이 영화는 주연 여배우의 백치미가 돋보이는 연기 덕인지 여자들에게 호응도가 높아 센세이션을 일으켰다. 종족 보존은 우주의 본능 아닌가. 짐승들도 자기 새끼가 자립할 때까진 최선을 다해 돌본다. 요즘 젊은 엄마들은 자식을 낳으려고 하지도 않지만, 낳아놓고도 친정엄마나 도우미에게 맡긴다. 그러지 못하면 자기 계발 운운하며 정신적 결함을 갖게 된다며 주위를 힘들게 한다. 이 작품을 보는 여자들이 육아로 말미암아 자기 일을 못 하게 될까 봐 너도나도 아이를 갖지 않겠다고 마음먹는 것은 아닌지 걱정이 앞섰다.

며느리를 처음 볼 때는 보물을 하늘에서 내려주는 듯 설레고 감격한다. 딸이 새로 생긴 듯 아끼는 마음이 들기 때문이다. 주위에 자랑하고 싶은 마음도 든다. 그런데 주위에선 의미심장하게 웃으며 말한다.
"더 살아 봐."
"심장 강화 운동을 시작해야 할걸?"
30년 넘게 사랑하던 아들을 어느 젊은 여자에게 영구히 인계하는 모양이랄까. 너희 인생이니까 너희만 행복하면 바랄 것이 없다는 부모 마음이려니 하지만 시시때때로 불편하기도 하고 서운하기도 하다.

보통 사위를 얻는 사람들은 처음에는 여러 가지 못마땅한 점을 들며 딸을 더 편하고 여유 있는 집에 보내지 못함을 아쉬워한다. 그러다가 일 년이 지나가면 모두가 사위가 그렇게 좋을 수가 없다며 얼굴에 희색이 만연하다. 반면, 일 년쯤 지나면 시어머니들은 불만이 많아진다. 아들이 변하고 있다 하고 며느리가 고분고분하지도 않고 아들을 부려 먹기만 한다는 둥 불편한 심사를 호소한다.

사위나 며느리도 다 어느 집 귀한 자식들이다. 왜 사위는 좋아지고 며느리는 그렇지 않을까. 자기 딸을 위하고 말을 잘 듣는 사위가 어찌 예쁘지 않을쏜가. 반면 아들의 엄마는 영원한 사랑인 아들이 여자 말에 따라 노선을 바꿔버리기 때문에 서운한 마음이 드는 것이리라. 일대일의 유대관계라면 애정도, 서로 측은지심도 생기지 않을까. 차차 불편해지는 것은 두 여자 사이에 서로가 가장 귀하게 여기는 한 남자가 있기 때문이다. 그 사이에 이기심과 질투가 있고 기 싸움이 시작되는 어려운 관계가 형성되기 때문이다.

  요사이에는 남자들이 불쌍해졌다. 밖에 나가선 여자 동창을 우연히 만난다 해도 반갑다는 표현조차 선뜻 하지 못한다. 우연히 몸이 닿기라도 하면 큰일이라며 자기 가슴 앞에 팔짱을 끼고 다니는 남자들도 있다고 한다. 상대 여성이 기분이 나쁘면 성추행으로 엮어 버리기 때문이다. 재수 없으면 누구나 치한으로 둔갑하는 세상이라 기혼자들은 일이 끝나자마자 집 안으로 들어온다. 그러면 여태 버티고 앉아 있던 아내들이 잔심부름부터 귀찮은 일들을 모아 두었다가 남편들한테 시킨다. 그 모습을 봐야 하는 어머니들은 슬퍼진다. 심장 강화 운동을 하지 않으면 심장마비가 올 것 같은 기분이 든다.
  그래서 요즘 시어머니들은 아들 집에는 가지 않는다. 갔다 오면 속상하니 안 보고 맘이나 편하게 살자는 생각에서다. 반대로 장모들은 딸을 도와야 하므로 거의 날마다 딸 집으로 출근한다. 가정 경제도 여자가 다 장악하여 남자들은 돈이 없으니 기가 죽어 있다. 비싼 음식점엔 여자들만 바글바글한다. 졸부시대에 이재로 극성을 피우던 장모는 딸의 뒤통수에 앉아 사위를 조종하려고 한다. 옛날 시어머니가 며느리 대하듯 요즘은 장모가 사위들을 제 마음대로 부리는 시대다. 집사 같은 사위가 아들보다 편하고 착하다며 칭찬한다.

30년 전의 「52년생 김지영」들이 오늘날 딸들을 그렇게 키운 것이다. 그녀들이 현재의 장모요 시어머니다. 시집살이를 심하게 했던 「52년생 김지영」들이 자기 딸들은 편하게 살게 하고 싶고 며느리들에게도 본인들 같은 삶은 바라지 않는 것 같다. 희생하고 헌신하며 자신을 돌보지 않고 산 엄마들은 왜 찍소리 한번 못하고 살았을까. 그들은 현재까지도 딸을 돕기 위해 자신의 모든 것을 포기하겠노라고 나선다. 자기 삶에 한이 맺히다 보니 딸들을 강하게 키워 젊은 날 자신들의 삶을 한풀이하는 것일까.

딸들을 억세게 키우다 보니 한쪽에선 아들들이 짠하다나. 요샌 신종 아르바이트가 생겼다 한다. 장가들인 엄마들이 아들의 비상금을 벌기 위해 가사도우미로 뛴다는 것이다. 한쪽을 밟으면 반대쪽이 치솟아 올라오는 건 자연발생적인 현상이다. 모계사회로 회귀하는 시대가 온 걸까. 앞으로 30년 후는 또 어떤 모습으로 변할까. 돌고 도는 세상사로 볼 때 30년 후는 양상이 또 다를 것 같다.

그대로

"아따, 넌 하나도 안 변했구나"

"오메, 네 목소리는 세월이 그렇게 지났어도 어쩌면 그대로냐?"

여기저기서 서로 껴안고 함박웃음들을 짓는다. 서로 안 늙었다는 것이다. 옛날 같으면 상늙은이들이라고 하고도 남을 나이다. 여고 졸업 50주년에 칠순 잔치를 하려고 서울 사는 친구들이 광주에 사는 친구들을 만나러 갔다. 커다란 식당에서 이제 막 상봉하는 광경이다. 50년 만에 만나는 사이라 가슴에 커다란 이름표를 하나씩 달고 있다. 이름표가 없으면 사실 서로 몰라볼 것이다.

"삼학년 때 담임은 누구였지?"

"예뻤던 영이 어디 사는지 알아?"

"걔, 화학 선생님을 좋아했는데, 어떤 사람에게 시집갔냐?"

"뭣이야? 그 애가 죽었다고야? 워메오메, 어쩌끄나."

한참 안부를 묻고 떠들다 맛있는 한우를 먹기 시작하니 조용해졌다.

모교를 상징하는 감자바위가 정문 옆에 있다. 이 바위는 광주학생운동 여학도 기념비다. 모교는 1929년 광주학생독립운동을 주도한 전국의 네 학교 중 유일한 여학교다. 일본인 중학생들에 의한 조선인 여학생 희롱 사건의 피해자가 바로 모교의 학생 두 사람이었다. 이 사건이 시발이 되어 일본 국경일인 명치절明治節에 맨주먹으로 대대적인 시위를 한 여고생들을 기념하기 위해 전국 학생들이 모금해 만든 비석이 감자바위다. 생긴 모양이 감자 같다 하여 학생들은 감자 바위라고 불렀다. 이 기념비가 있어선지 개교기념일엔 독립지사 분장을 하고 가장행렬을 했었다. 나는 애꾸눈 독립투사 대장이었다. 장난감 총을 어깨에 메고 검은 털모자를 쓰고 가죽 잠바를 입었다. 5월 25일이라 얼마나 많은 땀을 흘렸는지 땀띠까지 났다. 콧수염까지 달고서 감자바위 앞에서 웃고 있는 사진이 지금도 남아 있다. 이 바위를 오랜만에 보니 반가운 마음에 모두 우르르 달려가 포즈를 취했다. 눈가 주름을 감추기 위해 새까만 선글라스 착용은 필수다. 단체 사진을 찍으면 그 얼굴이 다 그 얼굴이다. 모자를 쓰고 커다란 검은 안경을 끼면 얼굴에서 보이는 거라고는 웃음 짓는 입술뿐이기 때문이다.

학교 다닐 때는 무척 컸던 교정이 어쩌면 이렇게 작아 보일까. 장동에 있는 전남여고는 97년의 역사와 전통을 자랑하는 공립학교다. 내가 학교 다닐 적에는 재원들이 모인다는 명문 여고로서 시험 봐서 250명만 뽑았다. 많은 동문이 노력하여 서울에 커다란 여학생 회관도 세웠다.

　외따로 떨어져 있던 음악실은 변함이 없었다. 강당에서 교가를 부르며 서로를 쳐다보니 한꺼번에 맞춰 입은 아사 티셔츠에 그려진 해바라기꽃 때문인지 친구들이 귀여워 보인다. 해바라기는 전남여고를 상징하는 꽃이다. 작년에 칠순 잔치에 왔었다는, 한 기수 위의 선배 언니가 우리를 바라보면서 너무 귀엽다고 했다. 선배는 선배인가 보다.

　3학년 때 같은 반이었던 친구가 여성가족부 장관을 했다. 친구들과 적극적으로 어울리며 그 자리에서 최선을 다하는 모습을 보니 여고 시절 정갈한 교복을 입고 있던 모습이 떠오른다. 착실하고 야무졌다는 기억이다. 지금 자기가 있게 된 것은 다 친구들 덕분이라며 무등산 골짜기에 데리고 가서 푸짐한 점심을 사주는 마음이 넉넉해 보였다.

　여러 방면에 관심이 많고 의욕적인 또 다른 친구는 아직도 모든 것을 섭렵해 버리겠다는 테세로 일주일 내내 동분서주한다며 열심히 살다가 꼴깍 죽을 예정이란다. 모두 세월이 무색할 정도로 학창 시절의 성격들이 아직도 변하지 않은 것 같다. 그래도 몇몇은 전혀 딴판으로 바뀐 친구들도 있다. 그 친구들을 보자니 옛날 말이 생각났다. '여자 팔자는 뒤웅박 팔자'라고, 시집 잘 가면 귀부인이 되고 아무리 똑똑해도 시집 잘못 가면 꽝이라는 말이다. 가장 눈에 띄는 친구는 나랑 친했던 K로, 학교 다닐 땐 항상 말도 없고 어수룩하여 존재감이 없던 애였다. 가정형편이 좋지 못하여 기가 죽어 지냈었다. 그 애가 부잣집으로 시집갔다더니 세월이 지나 얼굴이 활짝 피고 윤기가 흐르고 귀티가 난다. 말에 힘이 딱 들어 있다. 뒤에서 단단히 받쳐주는 남편의 강한 에너지가 얼굴에서 느껴진다. 엉거주춤하던 자세가 반듯하게 바뀌고 자신감이 넘치는 것 같았다. 너무 보기 좋았고 기뻤다. 반면 모두 부러워했던 여고 때의 우상은 그날 나오진 않았는데, 연애를 잘못하여 힘들게 살고 있다는 소식이 들렸다. 학교 다닐 때까지가 부모덕이고 그 후는 어떤 배우자를 만나느냐에 따라 품격이 확 바뀌는 것 같다.

한 동네 살았던 친구가 늦게 나타났다. 몸이 퉁퉁 부어 있다. 어딘가 많이 아픈 듯했다. 반갑게 인사하자마자 세 딸을 훌륭하게 키워 변호사를 만들고 변리사도 만들었다고 자랑을 하기 시작한다. 막내딸도 의사라며 아픈 중에도 자랑이 끝나지 않는다. 거동이 힘들어 집에 누워 있으니 속에서 천불이 나서 친구들 얼굴이라도 보고 싶어 어렵게 나왔다는 것이다. 몸을 잘 움직이지 못해도 딸들을 잘 키웠노라고 친구들에게 내보이고 싶었나 보다. 저쪽 구석에 앉았던 친구가 한마디 거든다.

"건강 잃으면 다 끝나는 거지, 자식 잘되는 것이 뭔 소용인데?"

"부러울 필요 하나도 없어야."

옳은 소리일까. 이 시점에 우리에게 부러울 것이 무엇일까.

학교 다닐 때와 지금 모습들을 차례로 떠올려보니 표정이 비슷한 사람도 있고 반대로 변한 사람들도 있다. 얌전했던 친구, 까불어대던 친구, 나서기 좋아하던 친구, 모범생으로 자기 일에 끔찍하게 성실하던 친구들, 50년 동안 다 자기 나름대로 잘 살다가 오늘 나타났을 것이다. 오늘 이 자리에 나올 수 있다는 것 자체가 평안하다는 뜻이다. 팔순에도 다시 만나자고 서로서로 손을 잡고 흔들어 보지만 표정들은 과연 그럴 수 있을까 하고 믿지 않는 것 같다.

각자 50년을 살면서 고해의 바다도 건넜을 것이고 즐거운 파도도 타며 행불행을 건너왔으리라. 모두가 어떻게 살았는지 모르나 반가운 표정을 짓고 있는 현재의 모습들이 기특해 보이고 한없이 아름다워 보인다. 아무리 백세시대라 하지만 팔순이 되어 다시 만나기까지 오늘 본 친구 중 누군가는 흔적 없이 사라질 것이다. 그가 바로 자기일 수도 있다는 확률은 균등하다. 자신이 아니기를 바라면서도

"그래, 팔순까지 지금 이대로 잘 살다 다시 만나자."

아무도 자신 있게 말하지 못한다. 내일이 내세가 될 수도 있는 시점이 슬그머니 다가오기 시작할 테니 말이다.

무지개

몇 해 전부터 가려고 벼르던 중남미 여행을 예약한 뒤 감기에 걸렸고, 그 후유증으로 이석증이 생겨 세상이 핑핑 돌았다, 설마 그때까지야 낫겠지 했는데 깨끗이 낫질 않았다. 그러다가 여행을 취소할 시간을 넘겨버려 할 수 없이 강행하게 되었다.

전날 밤은 걱정을 태산같이 하다가 자서 그런지 돌아가신 엄마가 꿈에 나타나 예쁜 무지개를 보여주시면서

"30%만 되면 나머지는 네 마음에 달린 거야."라고 밑도 끝도 없는 말씀을 하셨다.

'그래, 꿈에 무지개를 보면 좋다는데 가서 죽지는 않겠구나' 하고 어정쩡하게 출발했다. 하와이를 경유해 8개국을 21일간 여행하는 프로그램인데 일행은 열여섯 명이었다.

방학 기간이라 교사들이 많았고 대학 입시를 치른 자녀를 데리고 온 세 가족과 우리 부부, 그리고 인솔자인 노처녀 실장이 일행이다. 비행기를 열아홉 번이나 갈아타는 여행이라 공항에서 대부분을 지낼 수밖에 없었다. 밤새 날아간 하와이에선

가이드가 우리를 안쓰럽게 보면서 앞으로 고생하게 되니 와이키키 해변에서 편히 쉬라며 자유 시간을 넉넉히 줬다. 어지럼증이 심했던 나는 약 기운에 취해 많은 노숙자들이 차지한 서늘한 곳에 누워 그들과 같이 잠잔 것밖에 기억나는 것이 없다.

하와이서 로스앤젤레스로 떠나는 게이트 앞에서 폴리네시안 원주민인 뚱뚱한 여자애들 셋이 엄마인 듯한 여자와 번갈아 껴안으면서 구슬프게 울어댄다. 둘째는 엉엉 운다. 모녀 사이일까. 우는 아이들을 번갈아 토닥여 주는 저 듬직한 여자는 왜 아이들과 헤어지는 걸까. 아이들이 본토로 일하러 가나? 부모가 이혼하여 헤어져 살다 엄마 만나고 돌아가야 하는 걸까? 온갖 상상을 해본다. 비행기 타고도 연신 울어대는 아이들에게 신경이 자꾸 쓰이는데 대한항공의 맛있는 비빔밥이 나오자 언제 울었냐는 듯 열심히들 먹는다.

그래, 많이들 먹어라. 언젠가 다시 만나 기뻐서 울 때가 있겠지. 그들의 다음 만남의 장면을 멋대로 꾸며서 그려본다.

멕시코의 공항에 닿았다. 쿠바로 가기 위해 벌써 다섯 시간째 기다리고 있다. 남미는 연발과 연착이 다반사라 한다. 의자에 앉아 기다리다 보니 앞자리의 젊은 남녀가 시선을 끈다. 남자는 머리를 하나로 묶고 귀걸이까지 한 게 동양 아줌마인 내 눈엔 아주 멋져 보인다. 날씬한 여자는 다소 추운지 남자의 겨드랑이 속에 머리를 파묻고 남자의 몸을 다섯 시간 내내 비벼 댄다. 햄버거를 하나 꺼내더니 번갈아 베어 문다. 콜라도 교대로 사이좋게 마신다. 그러다 심심하면 입을 맞춘다. 스무 번도 더 맞추는 것 같다. 나는 몸을 배배 꼬고 앉아 고역스러운데 너희들은 할 건 다 하니 지겹지는 않겠구나. 저들의 앞날은 어떻게 펼쳐질까. 저렇게 좋기만 할까. 그래, 평생 변하지 말고 지금처럼 예쁘고 행복하게 살아가길 따뜻한 시선으로 이 아주머니가 빌어 줄게.

페루의 공항에 내리니 이번엔 현지 가이드가 안 보인다. 영악한 가이드는 연착되는 시간까지 셈에 넣었는지 한 시간이 넘도록 나타나지 않는다. 모두 화가 나서 한마디씩 한다.
출구 앞엔 띄엄띄엄 풍선과 꽃다발을 든 들뜬 표정의 사람들이 빙 둘러 서 있다. 남미 특유의 정열인가. 유독 내 눈에 들어오는 사람이 있었으니 건장한 체구에 흰 머리를 날리며 장미꽃을 한 아름 안고 있는 장년 남자다. 그 옆엔 엉덩이 굴곡이 적나라하게 드러나는 옷을 입은 딸인 듯한 젊은 여자가 풍선을 들고 서 있다.
갑자기 남자의 얼굴이 상기되면서 쏜살같이 앞으로 내닫는다. 벌써 젊은 딸은 달려가 출구 앞에 우아하게 서 있는 중년 여자를 덥석 끌어안았다. 마침내 남자도 두 팔을 벌려 여자를 꼭 껴안는다. 뺨을 비빈다. 꽃을 안긴다. 입술에 키스한다. 그때 이제껏 보이지 않던 젊은 남자가 그들 앞으로 어슬렁어슬렁 다가갔다. 수동적으로 키스를 받던 여자가 활짝 웃으며 앞으로 한 걸음 나서며 아들인 듯한 젊은 남자를 껴안고 정열적으로 얼굴을 비벼댄다. 가장 보고 싶었던 얼굴인가 보다. 역시 세계의 모든 엄마는 아들 바보구나. 꽃다발을 받아 든 엄마의 양쪽 팔을 아들과 딸이 차지하고 걸어 나가니 늙은 남자가 커다란 짐을 뒤에서 끌고 간다. 저 짐 속에 가족들에게 줄 선물이 가득 들었을 거야. 어느새 나는 그들 집까지 따라가 서로 다시 부둥켜안고 선물을 주고받는 모습까지 상상하면서 가이드가 늦는 것은 아랑곳하지 않고 흐뭇해했다. 그래, 공항은 헤어짐의 슬픔도 있지만 만남의 행복도 있는 멋진 곳이야.

남편이 환갑을 맞았을 적에 네 쌍의 부부가 여자들 계 모임한 팀과 연합으로 터키에 갔었다. 끝날 때쯤 여자들이 투표했는데 내 남편이 가장 나쁜 남편으로 뽑혔다. 나를 돌보지도 않으면서 혼자만 돌아다니며 너무 이기적으로 굴어서 밥맛이라나. 그러다가 이번에는 제일 좋은 애처가로 뽑혔다. 가기 전부터 내 상태가 심각해 보였던 탓이다. 고산병에 숨도 못 쉬어 약을 두 배로 먹어도 혈압은 내리지 않고 두통에다 가슴은 답답하다 하니 남편이 겁을 많이 먹은 모양이다. 웬만하면 언제나 씩씩하던 덩치 큰 마누라가 비실거리며 눈만 깜빡거리니 왜 안 그러겠는가. 짐 들어주는 건 말할 것도 없고 물 먹이고 산소통

대주랴, 혈압계를 들고 다니며 수시로 체크하며 추울세라 더울세라 들고 나는 모습에 모두 칭송이 대단했다.

'맞아, 최고네. 터키 건은 어서 지우개로 지워버려야지.'

우리뿐만 아니라 다른 사람들도 가족 사랑이 대단했다. 43살에 딸 하나를 얻어 골다공증을 얻었다는 엄살 많은 부인은 맛없는 음식은 남편 접시에 담아주고 맛있는 음식은 모녀가 경쟁하듯 먹어댄다. 나이 든 남편은 아무 소리 안 하고 음식을 먹기 좋게 썰어 두 모녀에게 양보한다. 무거운 짐을 등에 메고 양손에 들고 부인이 오라면 오고 가라면 간다. 사랑이 애처롭다.

25인승 버스는 비좁아서 모든 부부가 같이 앉아 가지만 34인승 버스가 나오면 편안하게 한 자리씩 차지하고 먼 길을 간다. 금실 좋은 생물 교사 부부는 꼭 붙어 앉아 남편이 아내 다리를 자기 허벅지 위에 올려놓고 장시간 졸면서 여행을 했다. 내년 환갑에 부인이 카메라를 사준다고 약속했다며 엄마에게 칭찬받는 아이 같은 표정의 사랑이 천진하다.

아들이 수시로 대학에 들어가 기쁜 마음에 큰맘 먹고 왔다고 자랑해 대는 여성이 있었다. 그런데 막상 여행 와서는 아들과도 티격태격하며 가는 데마다 이민 와서 살겠다고 설치고 남이 물건을 사면 자기도 다 사겠다며 졸라댔다. 그런 부인을 미소로 제어해 주고 손을 꼭 잡아 주는, 순박하게 생긴 남편의 속 깊은 사랑이 아름다웠다.

모태 솔로라는 노총각 미술선생도 가이드를 혼낼 땐 무시무시하지만 집에 계신 모친의 건강을 염려하고 내게 선물을 골라 달라고 할 때는 무척 순진했다. 자유스러운 영혼일지라도 기본 뼈대는 있구나 싶어 좋았다.

방학 때마다 시어머니께 아이들을 맡기고 세계여행을 다닌다는 영어 선생은 자기 자신을 지나치게 사랑한 나머지 자신만만하다. 좋은 건 좋고 싫은 건 절대 싫다는 노처녀 수학 선생은 무얼 사랑하는 걸까.

이 가지각색 손님들을 인솔하는 세련된 실장은 아무리 힘든 상황이 닥쳐도 화내는 법이 없다. 이 고난의 순례길을 인솔하다 보면 저절로 도인이 되는 모양이나 화내지 않는 그녀의 가슴엔 뭐가 깃들어 있을까 궁금하다. 여행이 힘들었기에 초면인 사람들도 다 사랑하는 마음으로 배려하며 서로 안녕을 빌어주는 훈훈함이 있었다. 떠나기 전날 꿈에서 보았던 무지개를 여행 마지막 날에 보았다. 웅장한 이구아수 폭포 위에서 활짝 웃던 영롱한 반원의 무지개가 모두를 축복하고 희망 가득 안겨 주며 잘 가라고 말해 주고 있었다.

쭈글쭈글할 때만 간다

팔십 중반의 할머니가 열 손가락에 빨간 매니큐어를 예쁘게 발랐다. 손수 발랐다는데 전문가 솜씨 같다. 새빨간 색으로 바르는 데는 사연이 따로 있는 걸까. 젊은 시절부터 여자의 손은 언제나 예뻐야 한다며 남편이 그 색으로 평생 손톱을 발라 손을 소중히 대하라 했단다. 그 얘기를 듣고 갑자기 나도 그 색으로 매니큐어를 바르고 싶어졌다.

내 손톱은 다듬지 않아선지 뭉툭하고 자꾸 깨진다. 철분과 단백질이 부족하면 저절로 손톱이 꺾어지며 갈라진다고 했다. 내 손도 예쁘게 한번 다듬어 보자고 동네 네일아트샵에 갔다. 손을 내밀었더니 손톱을 다듬어 주고 크림 발라 마사지한 다음 예쁜 색으로 고르라고 했다. 새빨간 색으로 골랐다. 손이 오랜만에 호사를 했다. 작은 호사에 나름 행복해하며 매니큐어가 긁힐세라 조심조심 손을 쳐들고 왔다.

집에 오니 남편 눈초리가 심상치가 않다. 빨리 지우라고 했다. 사람이란 이렇게 다르다. 사소한 일을 꼭 하라는 사람과 하지 말라는 사람이 있다. 자기 취향에 따라 기호를 맞추라 고집한다.

"젊어서도 안 하던 짓을 지금 와서 남부끄럽게 왜 하려 하냐?"

"끝까지 고상하게 살아야지 나이가 들어 변해버리면 얼마나 추한 줄 알아?"

"그렇게 추해지면 같이 살기 싫으니 집 나가 맘대로 살아."
내 손가락에 색칠하여 내가 좋으면 되는 것이지 누구 눈치를 보겠는가.

"내 마음대로 하고 싶은 것 할 수도 있지, 웬 간섭이유."
나도 지지 않고 덤볐다.

사소한 행동이나 맵시마저도 남을 의식하고 남의 생각에 맞춰 하고 싶은 것을 다 포기하고 살아가는 일이 다반사다. 지레 앞질러서 매사에 ○표와 ×표를 그려가며 스스로 울타리를 쳐놓고 모범생 범주에서 벗어날까 봐 전전긍긍하고 살았던 지난날이었다. 이제야 손톱에 멋 좀 부려 보겠다는데 집을 나가라니 이럴 수가.

그때그때의 계절과 기분에 따라서 색을 골라 손톱 위에 칠한다. 색을 칠하는 것만으로 흡족하지 않으면 그 위에다 반짝이까지 덧발라서 화려하게 꾸미면 얼굴에 환하게 미소가 떠오른다. 그 맛도 짭짤하다. 행복이 별거냐 싶다. 예쁜 손톱 하나에도 이렇게 즐거워하는 것, 이것도 삶의 한 부분이라고 소리치고 싶어지는 것이다. 그냥 좋으면 좋은 것 아니겠는가. 이건 되고 저건 안 된다는 건 다 자기가 만들어 놓은 규정일 뿐이다. 생각을 15도만 틀어서 보면 다른 것도 눈에 들어올 텐데.

해가 지기 전의 노을이 얼마나 아름다운가. 위로 부모님 치다꺼리도 끝났고 자식들을 돌보아야 할 시기도 지났다. 오로지 나의 삶을 돌아보면서 하고 싶었지만 여러 가지 여건 때문에 하지 못했던 것들을 이제 슬슬 해보는 시기인 것 같다.

짙은 포도주색을 발라봤다. 아주 매혹적이다. 창문으로 들어오는 아침 햇빛에 손을 비춰 보니 참 예쁘다. 짙은 청색을 발라 봤다. 아주 강한 여자가 된 것 같다. 금색 반짝이를 발라 봤다. 여유롭고 풍족하여 남과는 시비 안 하고 살 것 같다.

내 표정이 단호해 보였는지 이제는

"정 바르고 싶으면 연한 색으로 바르면 좋겠네."

남편은 괴로운 표정으로 말했다. 내가 곤히 잠들었을 때 아세톤을 찾아 지우려 했다는 집요한 사람이라 이제 연한 색까지는 양보했다.

하지 말라고 하면 더 하고 싶어지는 것이 사람 심리다.

발라 보니 별것도 아니다. 일 년 내내 바르니 손톱이 매니큐어를 안 바를 때보다 더 깨져 엉망이 되었다. 손톱은 피부와 같아서 세균에 대한 보호벽 역할을 한다. 그 피부에 짙은 화학물질을 여러 겹으로 발라 놓은 격이니 건강에는 굉장한 해를 끼친 다고 봐야겠다. 남편과 갈등까지 겪으면서 칠했던 매니큐어를 이젠 그만 못하게 됐다. 하고 싶어도 아무나 할 수가 있는 것이 아니었다. 건강한 손톱을 가져야만 매니큐어를 바를 수 있다. 평생 예쁜 손가락으로 남편을 기쁘게 했던 할머니의 손가락을 부러워할 주제가 안 됐다. 대신 구십을 바라보면서도 얼마 전 돌아가신 남편과의 추억을 더듬으며 혼자서 일본 전역을 돌며 자유여행을 했다는 그 할머니의 용기나 체력을 본받고 따라 해야겠다.

자주는 못 가니 특별한 날, 멋 내고 싶을 때나 기분이 아주 쭈글쭈글할 때 한 번씩 네일샵에 가야겠다. 진한 와인색을 바르고 긁힐세라 양손 들고 룰루랄라 돌아와야지.

4-삶이 힘들 때 그리운 얼굴들

5

내 하나의 사람아

꼭 붙잡고 따라갈 거야
아무리 멀리 있어도
엄마가 행복해야
나도 행복하니까
우리들 끼리만의 한번

꼭 붙잡고 따라갈 거야

너무 반가워 행복해진다. 꿈은 항상 똑같다. 잃어버렸던 딸을 꿈속에서 찾는 것이다. 장소는 동서양을 막론하고 시대도 다 다른 것 같다. 하물며 아프리카까지 가서 찾는다. 잃어버리는 실수를 자책하다 다시는 헤어지지 말자고 포옹하면서 꿈은 사라진다. 신기하게도 그날은 온종일 즐겁고 언젠가 이 장면이 실제로 꼭 일어날 것 같다고 확신한다.

내 딸 희성이.

덜렁대는 나에게 엄마같이 매사를 챙겨주던 딸. 머리가 뛰어났으며 배려심이 깊고 예쁘기도 했던, 하나밖에 없던 자랑스러운 딸이다. 지금은 가슴 속에만 있을 뿐 보고 싶어도 볼 수가 없고 안고 싶어도 안을 수가 없다. 언젠가 내가 죽은 후에 어디선가 만나면 다시는 헤어지지 말자고 포옹할 수밖에 없는 소중한 나의 분신인 희성이다.

연세대 철학과를 다니다 캐나다에 교환학생으로 간 희성이는 축제 때 기숙사생들과 함께 미국 여행을 갔다. 여행 마지막 날 맨해튼 49번가 횡단보도에서 트럭에 치여 뇌수술을 받다가 친구들의 오열 속에서 저세상으로 가버렸다.

희성이가 교통사고로 병원에서 수술 받아야 해서 부모님이 오셔야겠다는 친구의 전화를 받고 허겁지겁 출발했다. 죽었으리라고는 꿈에도 생각 못 하고 J.F.케네디 공항에 내렸다. 공항에는 희성이 친구들이 나와 있었다. 남편과 친구들이 무슨 말을 열심히 주고받더니 병원으로 가자면서 모두 차에 탔다.

차에 타자 남편이 희성이가 죽었다고 얘기해 줬다. 아무 소리도 안 들렸다. 이 세상이 멈추고 내 영혼이 어디로 향할지 두리번거리며 새까만 동굴로 질주하는 것 같았다. 30분쯤 지난 뒤에야 이제 우리 딸을 진짜 못 보는 거냐고 물을 수 있었지만 울음은 나오지 않았다. 병원에 들러 사망 시의 경과와 상태를 듣고 영안실로 가서 희성의 마지막 얼굴을 봤다. 정말 내 딸이 맞았다. 저 딸이 보고프면 난 어쩌라고, 그제야 눈물이라는 것이 흐르기 시작했다. 하늘과 땅이 딱 붙어버려 다시는 숨을 쉴 수 없을 것 같았다. 하늘이시여, 땅이시여. 세상에, 그동안 빌고 빌었던 신들은 다 뭐 하고 있었을까. 딸은 성당에 다녔고 나는 유불선을 다 믿고 있었다. 그러나 그 누구도 희성이에게 오는 트럭을 막아 주지 않았다. 그 어떤 절대자도.

희성이가 캐나다로 떠나기 전 같이 영화를 보러 간 적이 있었다. 그 영화 속의 공주가 죽는 장면이 있었다. 그녀는 뚜껑 열린 관 속에 예쁜 드레스를 입고 잠자는 미녀처럼 누워 있었다.

"나는 엄마 없으면 못 사니 엄마보다 먼저 죽고 싶어. 나도 죽으면 저렇게 예쁘게 장례를 치르면 좋겠다."

그때 난 그런 소리 하는 것 아니라고 심하게 야단쳤다. 말이 씨가 된다고. 정말 그 말이 씨가 되어 내 딸은 그렇게 나를 떠나갔다.

수소문해서 그 영화 속의 모습 그대로 치장하여 영화에 나오는 공주처럼 분홍색 드레스를 입히고 꽃을 손에 쥐어 주고 천주교식으로 장례를 치르고 있었다. 끝날 때쯤 청하지도 않은 청초한 여승 한 분이 스르르 들어오셨다. 청아한 목소리로 염불을 들려주고 모든 의식을 혼자 다 마치기에 누가 보내서 오셨느냐 물었다.

"희성이가 어젯밤 나를 찾아와서 엄마를 위로해주고 울지 말라고 전해주라고 해서 왔어요."

"네? 희성이가요?
나는 너무 놀라 또 무슨 말을 하더냐고 물었다.

"원래 가야 할 일정에 이틀이 모자라서 잠깐 엄마를 선택해 잠시 머물렀는데 엄마가 너무 좋아 떠나기 싫어 두 시간을 지체해 버렸어요. 이제는 꼭 가야 하기에 부랴부랴 떠나가네요."

너무나 슬퍼할 엄마가 걱정이라 이런 내용을 스님의 입을 통해 엄마에게 전해주라고 어젯밤에 찾아와서 신신당부했다는 것이다. 뉴욕 하늘 아래, 그것도 잠시 캐나다에서 여행을 왔을 뿐인 희성이를 누가 안단 말인가. 「전설의 고향」에서나 볼 수 있는 일이 나에게 현실로 나타났다. 유치원 다닐 때 혼자 함세웅 신부님을 찾아가 엄마를 전도하겠다는 약속으로 세례받은 인연이 있기에 신부님을 수소문하여 미사를 드리고 있는 참이었는데. 희성이가 스님 꿈에 나타나 자신을 소개하면서 장례식을 올리는 성당까지 정확하게 가르쳐주더라고 했다. 너무나 기이했다.

희성이는 스물두 살이었다. 저세상의 시간은 20년이 이틀이고 2년이 두 시간인가 보다. 어젯밤에 스님 꿈에 나타나

"떠나는 이 세상에서 엄마가 가장 걱정이에요. 울지 말라고 위로해주시고 인연 따라 잠시 왔다가 원래 내가 갈 곳으로 가니 너무 슬퍼 마시라고 꼭 전해주셔요."라며 간곡히 두 번 세 번 나를 부탁했다는 것이다. 스님이 어제 봤다는 내 딸의 모습, 마지막에 입었던 옷, 어투까지 모든 것이 희성이가 맞았다. 알 수 없는 말을 하지만 딸의 얘기라 모든 것을 다 믿었다. 그렇게 인연 따라왔고 또 인연 따라 떠나갔다는 희성이를 난 지금까지 잊을 수가 없어 그리워한다. 수없이 많은 입맞춤을 하던 그 촉감이 아직도 내 입가를 적신다.

당시 온 세상에 울긋불긋 단풍이 들어 있었다. 시월 십 일,

난 그 후로 단풍이 아름답다는 것을 잊고 산다. 호들갑스럽게 단풍 타령을 하는 주위의 여자들을 볼 때 살며시 고개를 돌려 버린다. 연세대학교에서 강당을 내줘 동아리와 철학과 장藏으로 다시 장례를 치렀다. 영어 동아리에서, 연극반에서 맘껏 뛰어놀다 연세 동산에서 잠자는 딸은 내 가슴에는 언제나 살아있다. 타임머신이 있다면 얼마나 좋을까. 다시 볼 수 있도록 되돌아가 마저 살다 갈 수 있다면 얼마나 좋을까. 이젠 그래, 이 세상에서 못 보면 저세상에서 볼 수 있겠다는 희망을 품고 살아간다. 죽음이 남들처럼 무섭지 않은 것도 죽으면 우리 희성이가 나를 만나러 올 것 같기 때문이다. 아마 나를 인도하러 희성이가 꼭 찾아올 거야. 다시 만나면 이젠 잃어버리지 않게 꼭 붙잡고 따라갈 거야.

아무리 멀리 있어도

　제목을 써놓고 보니 손이 덜덜 떨린다. 가슴에 꼭 껴안고 있는, 곱씹고 곱씹었던, 코맹맹이 소리로 속삭이던 희성의 목소리가 귀를 간질이는 듯하다.
　자식이 부모를 두고 이 세상을 떠나갈 때는 집안 희생을 하고 간다는 말이 있다.
　번쩍 정신이 들었다. 여러 측면에서 혼자만 느끼고 있었던 사실을 어느 성직자에게서 들었다.
　'왜? 우리 집에 이런 일이. 내가 무슨 잘못을 했다는 거야.'
　수도 없이 울부짖고 지키지 못하여 보내버렸다는 죄책감에 가슴이 아려왔다. 그 성직자는 말했다, 분명히 살 기회를 두 번은 주었을 것이라고. 그냥 떠나가지는 않았을 것이라고. 그렇다. 두 사람의 입을 빌려서 내 귀에 방법을 알려주었었다.
　"산소를 손봐서 생기는 동티로 당신 눈에서 피눈물이 날 것이오."
산소 떼에 손대지 말라는 경고를 한 번 들었고,

"이미 손댔으니, 산신제를 지내 무서운 사달을 막으시오."

인연 따라 산소에 손대지 말라는 경고를 들었으면서도 남편과 어머니를 끝내 설득하지 못했다. 결국 자식을 지켜 주지 못한 나를 어찌 스스로 용서할 수가 있겠는가. 산소에 손대지 말라고 남편에게 그렇게 사정했어도 소용없었다. 그는 어머니 말만 듣고 나를 무시해 버렸다. 어머니 또한 단골에게 그해 신수를 보러 가서 어떠어떠한 산소의 떼를 입히면 본인이 죽을 운을 면하겠다는 조언을 들었다 했다. 하여 아들에게 강력히 주장한 것이다. 나의 말에는 실없는 미신이라고 말도 못 붙이게 하고 소리 지르며 감행한 탓일까. 피눈물이 날 거라는 예언대로 내 딸은 머나먼 미국 땅에서 교통사고로 이 세상을 떠났다.

꼭 그렇다고 할 수는 없지만, 어머니가 그 후 오래 사시다 가신 것은 산소 덕이었을까.

지금도 아침마다 눈을 뜨면 교환 학생으로 캐나다로 떠나갈 때 공항에서 입 맞추며 포옹했던 감촉이 내 가슴에 촉촉하다. 거기서 아직 공부하고 있을 것만 같아 받지 않는 전화를 한 번씩 걸어본다.

늦은 나이에 희성이를 닮은 손녀를 봤다.

나는 어린 나이에 딸을 낳아 모정이 무엇인지도 모른 채 무조건 예뻐하면서 길렀다. 손녀를 보면서 지난 세월을 회상한다. 딸이 손녀로 환생하지 않았나 하고 생각도 해본다. 식구가 불어 모처럼 우리 집도 활기가 돋는다. 세월이 가면 잊힐까. 이상하게도 자식은 더욱더 새록새록 생각나며 후회가 깊어진다. 어떠한 이유라도 어미가 지키지 못한 과오가 있기 때문이다.

희성이가 간 지 벌써 28년, 맥없이 세월은 잘도 간다.

하늘과 땅이 철근처럼 달라붙었다. 그 사이에 깔린 나는 숨도 쉬지 못하고 가슴이 활활 타버렸건만 시간은 참 무심하기도 하다. 이제는 내 딸을 만날 시간이 서서히 다가올 것이다. 나는 이제부터 억지로라도 행복하게 살아야 한다. 남은 생을 즐거워하면서 살다 가야 한다.

"엄마, 이 세상에서 난 엄마가 제일 걱정이야. 골프도 열심히 치시고 여행도 열심히 하며 항상 즐겁게 살아야 해. 아무리 멀리 있어도 엄마가 행복해야 나도 즐겁고 행복하니까."

희성이가 마지막으로 캐나다에서 전화로 한 말이다. 나에게 준 유언이었다. 통화료가 많이 들 것을 우려해 일주일에 한 번씩만 전화하라고 했던 이 어미의 가슴에 피멍이 든다. 무슨 영문인지 "돈이 제일 싼 거야" 하던 내 딸.

내가 너무 돈에 집착했을까. 월급쟁이 마누라로 많이 아끼고 살았던 것만은 사실이다. 정리 정돈을 못 하는 이 어미의 가방을 정리해 주며

"딸 같은 우리 엄마 어떡하지?"

내 얼굴을 빤히 쳐다보며 자기가 마치 엄마나 되는 듯 걱정했던 딸이었다.

희성이는 욕심이 많았다. 일찍 가게 될 운명을 안 것일까. 뭐든지 다 하고 싶어 했고 다 잘했다. 내가 지금 글을 쓰고 있는 것도 딸의 영향일 것 같다. 글 근처에도 안 가본 내가 이렇게 독수리 타법으로 톡, 톡, 글이라고 써보고 있는 것을 보면 말이다. 우연이 아니라는 생각이 든다. 희성이는 작가가 되고 싶다고 했다. 좋아하는 작가도 몇 명 찾아다니는 것 같았다. 로스쿨에 가서 법률가가 되고 싶다고도 했다. 철학과에 들어가 나름 인생의 번민도 하는 듯했다. 어린 나이에 무슨 번민이 있었을까.

친구들과 노르웨이 여행을 하던 중이었다. 희성이가 전화로 뽑히기 어려운 교환학생으로 뽑혔다고 소식을 전했다. 덴마크와 캐나다를 선택할 수 있는데 어디가 좋겠느냐고 물어왔다.

내가 가보지 않았던 캐나다가 더 좋을 것 같다고 말해 줬다. 덴마크라고 말했다면 얼마나 좋았을까 하고 가슴을 찍는다. 넉 달만 있다 올 예정이었는데 영혼은 그것이 영원한 이별임을 알았던 것 같다. 집을 떠나기 전부터 공항에 데려다주면서까지 눈물이 주체하지 못하게 흘렀다. 희성이도 알았을까.

모든 것을 깨끗이 정리하고 자기가 좋아했던 팝송을 테이프에 녹음해 운전하면서 들으라며 주고 갔다. 또 내가 케니 G의 음악을 좋아하는 것을 알고 동생과 보라며 표를 예매까지 해주고 떠나갔다.

많은 제삿날엔 되도록 일찍 와 예쁜 손으로 끝까지 도와주던 딸. 나를 힘들게 하던 할머니를 대신하여 미안해하며 가만히 날 안아주던 딸. 공부 잘해 반장 엄마를 만들어줘 육성회 엄마로 설치게도 해준 딸. 쉬는 시간에는 공중전화로 그냥 내 목소리를 듣고 싶어 긴 줄을 섰다는 애인 같았던 딸. 엄마의 어깨에 잔뜩 짊어진 짐을 어린 딸은 슬며시 뒤에서 떠받들어 줬다. 의젓하고 배려심 많은 딸은 오히려 날 보살펴 챙겨주며 마지막까지 날 걱정하다 갔다.

이젠 그 누가 있어 이 외로움 견디며 살까.
이젠 그 누가 있어 이 가슴 지키며 살까.
내 하나의 사람아.

엄마가 행복해야

　부모는 자식이 살아 있을 때는 노심초사 자식이 잘되기를 바라며, 죽으면 좋은 곳으로 잘 갔을까, 자나 깨나 빌게 된다. 많은 아이들이 축제를 즐기려고 갔다가 유명을 달리했다. 그 많은 부모는 지금 모두 어떻게 살아가고 있을까. 아직도 숨쉬기가 힘들 것이다. 시간이 오래 지났다 해도 잊히지 않는 것이 자식이다.
　"영가 이름도 없이 조의를 표하라니, 우리나라 정말 이상하지 않아?"
　"놀러가서 죽었는데 뭐."
　다 우리 일인데 남의 일처럼 쉽게들 말한다. 독립운동을 하다 죽으나 놀러 갔다가 죽으나, 자식의 죽음은 부모에게는 똑같이 청천벽력이다. 하물며 원숭이도 새끼가 죽으면 간이 다 녹아 죽고 만다고 한다. 동물이나 사람이나 똑같이 자식을 잃는 것은 본인이 죽는 것과 같다는 것이다.
　단테는 무얼 알아 『지옥』편과 『연옥』편을 썼을까. 난 내 자식이 어떤 길을 갔을까, 왜 그렇게 허겁지겁 가버렸을까, 지금은 어디에 있을까. 그것만이 가슴에 맺혀 있었다. 세상 엄마들은 다 똑같을 것이다. 내 딸이 꿈 많고 미래가 창창한 어린 나이에 피어보지도 못하고 하루아침에 허망하게 내 곁을 떠나가 버렸다는 사실을 인정하기 싫을 뿐이다. 이왕 갔으면 번뇌가 없는 좋은 곳으로 가서 극락왕생하기를 열심히 빌었다.

딸은 유치원 다닐 때 실비아라는 세례명을 받았다. 일요일에는 가족들끼리 야외에도 가고 외식도 해야 하는데 성당에 간다고 하니 나로서는 번거로웠다. 대학 갈 때까지 냉담할 것을 권유했다. 대학 간 후에 몇 번 가는 것 같더니 발길이 뜸해졌다. 그런 인연으로 천주교에서 말하는 천국에 가 편히 지내기만을 기원했다. 딸이 택한 곳이니 딸을 위해 알지도 못하는 성당에 가서 기도도 해봤다. 그러다 마음이 편안하면 아예 천주교 신도가 되고 싶었다. 그 당시 내 머릿속엔 종교든 철학이든, 아무것도 들어오지 않았다. 무조건 천도제도 지내고 씻김굿 등 영가를 위해서 유명하다는 평판이 난 곳은 다 가서 제를 지냈다. 신부님도 찾아가고 목사도 만났고 도가도 찾고 법사, 무당, 스님들도 다 찾아다녔다. 사후세계가 궁금하여 영혼이 있다면, 단 한 번이라도 볼 수 있다면 얼마나 좋을까 싶어 영매들에게 가서 의지도 했었다.

일산에 유명한 사람이 있었다. 소문을 듣고 찾아갔는데 그

선생이 희성이 사진을 보고 깜짝 놀랐다. 교환학생으로 캐나다로 가기 직전 친구들과 점을 보러 왔다고 했다. 그때 그녀가
"너희 집에서 웃어른이 죽을 수 있다. 엄마를 모셔와라, 빨리! 안 그러면 네가 갈 수도 있으니."
이렇게 무서운 소리를 했다고 한다. 희성이는 잠자코 있다가 그 어른이 엄마라고 생각한 모양이었다.
"만약 엄마가 간다면 난 더 싫어요. 내가 가는 것이 좋아요"
라며 웃더라고 했다.
나에게 그 말만 했어도 일이 그렇게 되지 않았을지도 모른다. 앞길이 창창한 딸이 살아야지 바보같이 자기가 가겠다고 말을 뱉어버려 결과가 그렇게 된 것 같아 가슴이 날마다 쓰렸다. '차라리 내가 갔다면' 하는 생각을 많이 했다. 착한 영혼이었으니 본인이 마음으로 받아버리지 않았나 싶다. 무엇이 불안해서 점집을 갔을까.

도를 이뤄 딸의 영혼과 직접 대화하고 싶어 광주에서 50년간 도를 닦았다는 교수님을 따라 거의 일 년을 수련하러 다녔다. 수련형식을 잘 익히면 영혼과 소통할 수 있다는 교수의 확신에 날마다 밤늦도록 가부좌를 하고 앉아 그야말로 열심히 수련했다. 교수가 직접 그 능력을 발휘하는 것도 봤기 때문이다. 50년 동안 길러낸 제자 중에 두 사람에게만 하늘에서 법명이 내려왔는데 세 번째로 나에게 법명이 내려왔다고 한다. 이렇게

단시간에 법명이 내려오긴 처음이라며 나를 모두 축하해줬다. 오로지 딸과 한마디 말이라도 해볼 수 있지 않을까 하고 밤낮으로 수련했기 때문이 아닐까 생각했다.

내 법명은 혜원慧元이다. 지혜의 으뜸이 되라는 뜻이다. 나에겐 너무 큰 이름인 것 같았다. 박차를 가해 차원 높은 수련을 하리라 다짐했건만 얼마 안 돼 도관이 해체되고 말았다. 도와 현실은 괴리가 있나 보다.

교수님의 사정으로 광주로 내려가시니 목적 달성은 하지 못하고 말았다.

종로에 갔었다. 딱 한 가지만 질문하고 거금을 내는 곳이다. 그 한마디 질문에 내놓는 대답이 백발백중이라고 평판이 자자한 곳이다. 손님이 너무 많아 아침 일찍 가도 오후까지 기다려야만 법사님을 만날 수 있다. 나를 본 법사님은

"뉴욕 맨해튼 49번지에서 딸이 갔네! 보살! 딸이 엄마 걱정이 많구먼."

"'엄마가 제일 걱정이야. 모임도 잘 다니시고 골프 열심히 치며 즐겁게 살아야 해. 아무리 멀리 있어도 엄마가 행복해야 나도 행복하니까'라고 했잖아요?"

마지막 전화로 희성이가 한 말을 토씨 하나 틀리지 않게 그대로 읊는다.

"모레 금요일에 나랑 골프 한번 치러 갑시다. 딸이 엄마를

꼭 한번 데려가 달라고 부탁하니 우리 비서들이랑 같이 가요!"
그러고는 내가 미처 대답도 하기 전에 명을 내렸다.
 "모레는 쉰다고 팻말을 붙여라."
 그 많은 손님을 포기하면서까지 나를 위해 그런 결정을 내렸다. 어리둥절할 수밖에 없었다. 제일 비싼 골프장으로 간다기에 속으로 여러 사람의 비용이 만만찮을 건데 어찌 댈까 걱정했으나 모든 비용을 그 선생이 다 냈다. 깨끗하고 지혜로운 영가로서 죽어서도 엄마를 위해 엄마가 제일 좋아하는 골프를 한번 같이 쳐 달라고 부탁하더란다. 영가가 기특하고 갸륵한 생각이 들었다는 것이다. 생전의 품성대로 영혼이 되어서까지 효성이 지극한 것 같으니 이렇게 믿을 수 없는 일을 누가 믿겠는가.
 영혼과 대화할 수 있는 고마운 법사님은 돈만을 따르지 않고 젊은 영가의 간곡한 소원을 그렇게라도 들어주고 싶었나 보다. 법사님은 딸과 나만 아는 이야기들을 정확하게 말해 주기도 했다. 종교 문제 등 내가 어떻게 살아가라는 부탁까지 딸 입장이 되어 그대로 전해주었다. 비록 법사님의 입을 통해서지만 그토록 듣고 싶었던 이야기를 신기하게 들었다. 죽음과 삶이 한 끗 차이로 보이지는 않지만, 끝이 아님을 알게 하고 신비로움을 느꼈다. 이 세상과 저세상이 아무리 멀리 떨어져 있어도 사랑하는 사람들은 연결되어 있다는 확신이 들었다. 그분은 천도제를 지내주면서 이젠 딸 걱정하지 말고 여기저기 다니지 말라고 했다. 딸은 동생의 자식으로 환생할 것도 같으니 기다리라고도 했다. 딸이 마지막에 하고 간 유언을 확인 내지 각인시켜 주려고 법사님을 만나게 해준 것 같다. 법사님은 내 등을 도닥거려 주며 말했다.

"보살님이 편안해야 따님도 편안할 겁니다. 이제 아무 걱정 마시고 보살님은 즐겁고 행복하게 사시면 돼요."

아무리 멀리 떨어져 있어도, 눈에 보이지 않아도 천륜의 인연은 이어져 있다. 내 딸처럼 멀리 가 있는 그 부모들의 자식들도 엄마가 사는 날까지 편안하고 행복하게 사시다가 만나기를 기원하리라 믿는다. 마지막에 법사님이 등을 도닥이면서 해주었던 말을 종교를 떠나서 시름에 잠겨 사는 엄마들에게 똑같이 해주고 싶다. 그러나 일단 엄마들은 목 놓아 큰 소리를 내어 울어야 한다. 뱃속에 묻어둔 설움을 우선 뱉어내야 한다. 그래야 저세상으로 떠난 자식들도 엄마를 따라 통곡하며 한을 풀어낼 것이다.

자식의 죽음을 본 자가 애통해하다 부처님에게 질문을 했다.

"왜 나에게 이런 고통이 왔을까요?"

"동네를 한 바퀴 돌아보라. 누군가가 죽지 않은 집이 한 집이라도 있더냐?"

참척慘慽을 겪어보지 않은 부처가 무엇을 알리오. 아무리 그가 부처라 해도 경험하지 못했으면 자세히 모를 것이다. 참척이란 단어는 끔찍하게(慘) 근심한다(慽)는 뜻이다. 자식이 부모보다 먼저 죽는 아픔은 형용할 수 없는 끔찍한 천벌이다. 이 지옥에 머물러 있어서는 안 된다. 이 수렁에서 기어서라도 나와야 한다. 살아내야 하는 엄마들은 그 고통을 뱃속에 담지 말고 꺼이꺼이 울어 토해내야 살 것이다. 그다음에야 취향에 따라 전념하여 살아갈 수 있는 일이나 운동·종교 등 의지적으로 즐거움을 찾아가야 한다. 그때야 참척은 살아있는 이나 먼저 간 영혼에 새로운 의미를 줄 것이다. 자식들과 엄마는 보이지 않는 탯줄로 연결돼 있으니 어찌 됐든 즐겁게 살아야만 한다. 살아서나 죽어서도 자식이 행복하기를 바라는 엄마들처럼 자식들도 엄마가 행복해야 저세상에서 편안하고 행복하게 지낼 테니까.

나도 행복하니까

눈을 뜨자 파노라마처럼 펼쳐지는 상념. 오래 살았구나. 부모 형제를 떠나 얼떨결에 인연 찾아 지지고 볶으며 살다 보니 어느새 반세기가 훌쩍 지나 버렸나 보다.

너희들이 장성하여 큰 잔치를 해주며 축하받아야 할, 금혼식이라는 이름이 붙은 날이다.

친구들보다 일찍 결혼해서인지 현주 아줌마가 '금혼식을 어떤 식으로 치를 거냐'고 물어왔다. 자기는 딸이 기획해 웨딩드레스를 입고 호텔에서 이러저러한 퍼포먼스를 할 거라고 했다. 나는 그런 환대를 내가 받을 수 없다는 사실을 잘 알고 있단다. 부모가 되어서 자식을 행복하게 키우지도 못하고 얼마든지 지킬 수 있었으나 바보처럼 너를 잃고 말았잖니. 욕심도 있고 건실하게 살아가려고 애쓰던 너를 지키지 못한 엄마다. 무엇을 잘했다고 나는 이 사람과 반세기를 잘 살았노라고 세상에 잔치하며 알릴 수 있단 말이냐. 미어지는 가슴을 안고 그래도 생각해 본다.

어렸을 적에도 부모의 결혼기념일에 동생에겐 껌이라도 준비하게 하고 적은 용돈을 아껴 립스틱을 사주던 내 딸. 네가 지금 내 곁에 있었다면 내 인생도 많이 달라져 있었을 것 같구나. 아마 현주 아줌마처럼 오늘은 외손자와 친손자들에게 예쁜 옷들을 사 입히고 가족사진을 찍으며 즐거워하는 날이 되었겠지.

네가 곁에 있었다면 가슴 속에 든 멍을 문지르며 어느 정도는 더 편안하게 살지 않았을까. 딸이 없는 여자의 말년은 아예 없다고 들었다. 딸의 행불행이 바로 그 엄마들의 말년 팔자가 된다는 말이다. 그런 말을 들을 때면 내 가슴속에 있는 너의 존재를 알기에 '나에게도 말년이 있거든.' 하고 중얼거렸단다.

진정한 내 편을 그렇게 쉽게 잃어버리고 무슨 딸 타령을 하고 있을까마는. 이제는 너를 다시 볼 수 있는 날이 점점 가까워지고 있겠다는 기대를 해보는 것도 즐거운 일이란다.

오십 년, 멋모르고 꿈에 부풀었던 어린 신부에서 답답하고 회한이 많은 칠십 노인이 되고 만 어쩌면 가혹한 시간, 난 이제부터 무엇을 하고 어찌 매듭을 지어갈거나.

내 가슴에선 섭섭했고 힘들었던 일들이 먼저 튀어나오는 것 같다.

슬퍼지는 나의 역사. 네가 가버린 가장 힘든 일이 나를 무참히 침몰시켰단다. 허우적거리며 기어 나오나 웃고 있는 얼굴 속의 눈은 나만이 볼 수 있는 허전한 깊은 눈이더구나.

엄마는 행복해야 한다는 너의 소망을 날마다 되새기며 너의 사진 앞에서 환하게 웃어왔다. 행복을 향해 난 무얼 했나. 가슴만 두드리며 울화만 키운 못나디못난 엄마요, 맥없이 실실거린 한심한 모습뿐 건질 것이 없는 듯하다.
'난 그동안 이곳에서 행복했으니 멀리 있는 너도 행복했지?'
어떻게 지금 너에게 이렇게 말할 수 있겠니.
슬며시 조바심이 나고 조급해진단다.

"엄마. 처음 엄마를 떠나올 땐 저도 아주 무서웠어요.
갑자기 혼자가 되어 막막한 길을 찾아가는데 외로웠고 두렵기도 했지요.
자꾸 집에 돌아가 엄마랑 같이 더 살고 싶었어요.
고마워요. 힘든 세월을 잘 견디며 살아주신 것 전 다 알아요.
좌절하지 않으시고 항상 억지로라도 긍정을 외치시며 언제나 웃으시는 엄마가 자랑스러웠어요. 저를 위해 늘 공들여주시고 어떠한 세상에서라도 편안하고 행복해야 한다며 빌어주신 모습 저는 다 알아요.
마지막으로 엄마에게 부탁드린 말,
'이 세상에서 엄마가 제일 걱정이야. 골프도 열심히 치시고 만남도 많이 가지시며 여행도 많이 하세요. 아무리 멀리 있어도 엄마가 행복하면 나도 행복하니까.'
이 말 한마디를 화두처럼 끌어안고 본인에게 박차를 가하신

5-내 하나의 사람아

것, 저는 알지요. 누구 하나 엄마의 마음을 이해해 주는 사람이 있었어요? 가슴에 담은 회한 하나 털어놓지 못하신 엄마를 전 많이 걱정했어요. 사람들이 크고 작은 일이 잘못될 때마다 엄마 귀에다 저를 들먹였잖아요. 자신들의 자그마한 불행 위에 엄마를 올려놓고 행복을 달아 보는 사람들을 보면서도 엄마는 의젓하셨잖아요. 꿋꿋이 버티셔서 오늘을 맞으시는 엄마를 보며 제 엄마였다는 사실이 자랑스러워요.
엄마와 저의 업이 아마 이런 것 아닐까요.
엄마!
엄마는 빨간 장미예요. 늦도록 담장 옆에 피는 꽃. 늙어간다고 주저앉지 마세요.
언제나 오매불망하시는 지만이는 걱정하지 마시고요. 제가 잘 돌볼게요. 제 빈자리를 채우며 엄마 아빠에게 잘하려는 마음이 저는 정말 고맙고 측은해요.
아빠에게 사랑한다는 말을 못 하고 왔어요. 캐나다 가기 전에 아빠 회사에 들렀어요. 아빠의 커다랗고 웅장한 사무실을 보고 저는 울었답니다. 이 자리까지 올라오려고 아빠가 얼마나 애쓰셨을까 하고요. 정해진 명대로 제가 일찍 떠나오게 되었으니, 이제 다 잊고 아빠와 손 꼭 잡고 다니세요. 행복하게요.
그럼 나도 행복하니까."
법사님의 입을 통해 희성이의 넋이 공수해준 말이다.

연세대학교 문우극회 제16회 정기공연

「우리들끼리만의 한 번」
작품 및 작가에 대한 이해

김희성

드러나지 않으면서 존재하는 것들이 있다.
죽음, 억압, 위협, 사랑, 이해, 연민….
우리 곁에는 언제나 어떠한 억압이나 위협이 도사리고 있다는 것을 우리는 습관적으로 알고 있다. 그러나 우리가 모두 알고 있는 것들을 사실은 모두 모르고 있지는 않을까?
그 예로 우리는 '인간은 언젠가는 죽는다'는 숙명적인 전제를 의심 없이 받아들이면서도, 죽음이라는 실체가 눈에 보이지 않기 때문에 그것이 직접 닥쳐오기까지는 의식하지 못하고 살아간다.

「우리들끼리만의 한 번」은 이렇게 '보이지 않는 것들'에 대한 감지感知에서부터 시작된다. 근본적으로 불완전한 인간에게 보편적으로 가해지는 외부의 억압 및 한계상황을 받아들이는 데 있어서 우선 인간은, 저항하기에 앞서 공포나 두려움을 느끼지 않을 수 없다. 이러한 공포와 두려움이란 어느 한 사람에게만 닥쳐오는 특수한 것이 아닌, 우리 모두의 내면에 깊이 숨겨져 있는 공통된 정서임을 이번 작품은 한 여인과 그 주변 상황을 통하여 내보이려 한다.

억압과 위협의 형태는 너무도 다양하리라 생각된다.

그것들은 우리 눈에 보이는 것보다는, 보이지 않는 형태로서 더 강하게 우리 곁에 존재할 것이다. 이에 맞서는 인간의 모습도 한 가지가 아닌, 보이지는 않지만 우리를 압도할 수 있는 가치가 우리 안에 숨겨져 있을지도 모른다. 이를 의식하고 받아들이는 것은 관객 여러분 각자의 몫이 아닌가 생각해 보면서, 아무쪼록 이번 공연이 막연하게나마 무엇이든 얻어갈 수 있는 자리가 되기를 바란다.

본 작품의 작가인 이현화 씨氏는 1943년 출생하였으며, 「쉬-쉬-쉬잇」「누구세요?」「카덴자」「0.917」「라마 사박다니」「不可不可」「산씻김」「오스트라키스모스」「요한을 찾습니다」 등의 희곡을 발표한 바 있다.

그의 희곡을 읽고 있으면 자신도 모르게 온몸이 오싹해질 정도의 공포와 불안을 느낄 수 있는데, 이러한 경향은 그의 작품 전반에 걸쳐 일관되게 흐르고 있다. 그는 눈에 보이지 않는 현대의 다양한 폭력을 불안과 공포라는 이미지로 표현하고 있다. 어린이에게 성희性戱를 하도록 한 「0.917」이나, 여성을 학대하는 「카덴자」 등은 그 부도덕성으로 해서 거센 반발을 불러 일으켰으나, 그는 다만 부도덕과 중증重症의 사회를 폭로하는 데 있어서 상징으로 제시했을 뿐이다. 「우리들끼리만의 한번」 은 그의 1978년 작품으로서 70년대의 정치, 사회적 배경을 염두에 두고 쓰인 것으로 보인다.

위의 글은 희성이가 연세대 문우극회에서 주연과 조연출을 맡고 있을 때 작품 이해와 죽음에 관해 썼던 글이다. 캐나다 가기 바로 직전인 것 같다. 왜 하필 그런 연극을 하게 됐을까. 아빠랑 동생이랑 세 식구가 연극 구경도 같이 갔었다. 연극이지만 주인공인 딸이 죽는 장면을 보면서 기분은 좋지 않았다.

캐나다로 떠나던 비행기 안에서 희성이는 "엄마에게 큰 사랑을 받고 있다는 사실을 알았다"고 메모장에 써놓았었다. 대학로에서 둘이 연극을 보고 나오다 우리 둘 다 좋아하던 이정재를 만났다. 그에게 사인을 받고 신이 났던 우리 모녀였다. 그 사인을 받은 쪽지도 그 메모장에 서럽게 끼어 있었다. 잠시 내게 찾아와 사랑을 받고 사랑을 알고 갔다는 사실은 기쁘다. 영원불멸한 사랑이 있다는 것을 알고 갔다는 것은 이 생에 왔다 간 수확이 아니었을까.

어떤 인연으로 나를 선택했는지는 모르나 희성이의 염원대로 웃음 가득한 날들을 보내다 환한 얼굴로 내 딸을 만났으면 한다.

해설

연민과 고통으로서의 미학 다듬기

임헌영 (문학평론가)

1. 아줌마들의 흥미진진한 오찬 모임

정보화 시대가 되면서 온 세상은 쓰잘 데 없는 파편적인 지식으로 넘쳐나 온 지구가 쓰레기통으로 더렵혀져 가고 있다. 이런 판에 글을 쓰려면 다독 다작 다상량**多讀多作 多商量**이라는 낡은 교훈을 강조하는 건 엄청난 시대착오로 소중한 인생의 낭비에 지나지 않는다. 이런 주장을 했던 구양수의 시대였던 11세기란, 지식인의 숫자가 극소수에다 인쇄술이 원시적이어서 도서가 무척 희귀한 데다 모든 정보란 사람에 의하거나 책밖에 없었던 시대였다. 그러나 지금은 넘쳐나는 도서에다 인터넷이나 언론 매체와 온갖 삶 그 자체가 곧 정보로 작동되기에 잠도 안 자고 밥도 끊은 채 읽기만 해도 신간 도서조차 나 독파할 수 없는 시대가 아닌가. 오히려 이런 시대에는 각자가 자신에게 절실한 정보가 무엇인가를 '선택'할 수 있는 슬기가 필요하다. 그래서 나는 창작론 강의 때 항상 아무거나 읽지 말고 꼭 읽을 것만 찾아서 그걸 정독하라고 강조하는데도 내 말보다는 구양수의

낡아빠진 교훈에서 헤어나지 못하고 남독濫讀으로 아까운 촌음을 낭비하는 현상을 보고 오히려 개탄하고 있다.

그런데 가끔씩 이런 현명한 '선택의 슬기'를 체득한 드문 경우가 있는데, 신선숙 작가도 바로 이런 유형에 속한다. 신 작가는 자신의 글쓰기에 대하여 겸허한 자세로 이렇게 토로한다.

> 내내 가슴속에 묻어두었던 말들을 꺼내어 글로 써봤다. 글 속에서는 무엇이든지 말할 수 있는 자유가 펼쳐진다는 매력이 있다. 어떤 이는 나의 에너지가 크니 글로써 공감하게 하고 사람들 마음을 편안히 해주라고 했다. 감히 내가 그런 역할을 할 수 있을까? 남보다 책을 많이 읽은 것도 아니고 별나게 살아오지도 않았으니 특별한 이야기도 없다. 평범하게 살아온 인생, 일상의 이야기를 이것저것 써 보았다. 살아온 시간이 아쉬워서, 애처로운 그리움이 동력이 되어 글을 쓰게 된 것은 아닐까 생각한다. 나와 가족은 물론 이웃과 친구 등 주변의 인연들 이야기까지 주섬주섬 모아 글로 엮어 보았다. (「서문」)

권위 없는 내 주장에 그래도 다독이 얼마나 중요한가를 강조하는 지식과 정보의 나열주의자들이 점점 늘어나면서 재미있던 문학조차 전문화되어 난해해진 데다 독자는 줄어들고 있지 않는가. 세상은 지적 유희의 크고 작음을 다투는 곳이 아니라 사람답고 즐겁게 살기 위한 터전임을 강조한 명수필로는 김진섭의 널리 알려진 「생활인의 철학」이란 작품이 있다. 이 글을 읽노라면 바로 신선숙 작가와 너무나 상통하는 점이 많음을 금

세 느끼게 된다.

"중국의 린위탕(林語堂)은 생활 속에서 인생의 슬기를 추구하는 철학자"인데 그조차 '칸트의 철학서는 어려워서 읽을 수가 없다.'고 하였다. 예부터 보통사람들은 철학을 몰라도, 골치 아픈 책은 아예 관심조차 없어도 사는 데 아무런 지장이 없다. 김진섭은 상당한 교육을 받은 사람들조차도 "철학이 있건 없건 별 관심이 없이 살아가는 것을 부인하기 어렵다."라면서, 그렇게 된 이유를 철학자들이 세상사와 관계없는 고상한 이야기만 하기 때문이라며 오히려 철학자들을 은근히 비꼬며 이렇게 썼다.

나는 흔히 철학자에게서 생활에 대한 예지의 부족을 인식하고 크게 놀라는 반면에는, 농산어촌農山漁村의 백성 또는 일개一介의 부녀자에게 철학적인 달관達觀을 발견하여 깊이 머리를 숙이는 일이 불소함을 알고 있다. 생활인으로서의 나에게는 필부필부匹夫匹婦의 생활체험에서 우러난 소박, 진실한 안식眼識이 고명한 철학의 난해한 글보다는 훨씬 맛이 있다는 것을 고백하지 않을 수 없다. 원래 현실적 정세를 파악하고 투시하는 예민銳敏한 감각과 명확한 사고력은 혹종의 여자에 있어서 보다 더 발달되어 있으므로 나는 흔히 현실을 말하고 생활을 하소연하는 부녀자의 아름다운 음성에 경청하여, 그 가운데서 또한 많은 가지가지의 생활철학을 발견하는 열락悅樂은 결코 적은 것이 아니다. (김진섭 「생활인의 철학」)

김진섭만이 아니라 린위탕 역시 "내 철학적 지식의 출처를 몇 가지 들어본다. 우선 우리 집 가정부인 황씨 부인"을 비롯해 "입버릇이 몹시 고약한 수저우(蘇州)의 여자 뱃사공, 상하이의 전차 차장, 우리집 요리사의 처" 등등이라고 실토한다. (린위탕, 『생활의 발견』, 「머리말」)

따지고 보면 지나치게 유식한 사람들 때문에 지구에는 분쟁이 끊이지 않고 진정 삶에서 중요한 가치들이 썩은 이빨처럼 흔들거려 보통사람들의 평범한 행복까지도 지진이라도 난 듯이 근본이 흔들리고 있지 않는가.

그러니 이 두 명 산문작가가 다 칸트 대신 선택한 철학교사는 그저 보통 여자들인데, 이를 현대 한국에 대응시켜 보면 '아줌마'들이다. 항렬로 따지면 부모 세대(숙모)지만 지금은 중년층 여성에 대한 총칭으로 상용하는 아주머니의 준말이 되었다. 흔히들 아주머니의 비칭으로 여겨 '사모님' 대신 '아줌마'라 호칭하면 발끈 울화통을 터트리는 여인들도 적지 않은 이상한 귀족사회가 되어버렸다. 그러거나 말거나 장수사회인 지금은 통상 자녀들이 성인이 된 이후부터 지공세대도 훌쩍 지나 팔순에 도전하기까지에 걸친 모든 여성들을 아줌마의 범주에 포함시킬 수 있는 총칭이래도 지나치지 않을 것이다.

이런 아줌마, 특히 한국 중년 주부들의 통칭으로서의 아줌마의 파워는 가히 막강하여 이미 가정에서는 남성의 경제권을 박탈한 것부터 밖으로는 국산은 물론이고 세계 명품 기업체까지도 '한국의 아줌마'를 공략해야 된다는 마케팅 전략이 나올 정도다. 그러나 이들의 지난한 삶의 역정은 너무나 눈물겨워 저마다 한 편의 대하소설의 여주인공으로 손색이 없을 지경이다.

밖으로는 격랑의 한국 현대사 속에서 가족의 든든한 방어벽이 되었고, 안으로는 전통적인 남존여비와 며느리의 설움을 극복해야만 되었다. 그래서 아줌마란 단어가 지닌 내포와 외연의 개념은 '또순이'나 '억척 어멈'이라는 단어에다 세상의 온갖 풍상으로 얻은 슬기로 도사급 무불통지와 동일시될 정도다. 이름난 식당부터 최신 영화나 드라마와 베스트셀러, 정재계의 흑막, 온 세계를 누볐던 국제정세 등등에 이르기까지 그 화두의 풍성함에다 세파에 시달리며 숙련된 익살맞은 수사법을 홍길동의 변신술처럼 활용해대는 입심까지 더해서 코미디 경연장이 된다.

이만하면 생활인의 철학자로 충분하지 않은가! 그래서 김진섭이나 린위탕이 일찍이 철학의 스승으로 모셨던 아줌마를 오늘의 아줌마 수필가들은 의외로 자신들 스스로가 냉대하고 있다. 나는 진작부터 수필이란 삶 그 자체라며 살아가는 이야기를 그대로 멋지게 묘사하라고 거듭 강조해 왔지만 들은 척도 않는다. 동창들과 만나 실컷 재밌는 화제에 웃고 울기 마련인데 나는 그런 걸 글로 그대로 쓰라고 강조한다. 그러나 아줌마들은 귀가해서 컴퓨터 앞에 앉아서는 그런 소재는 아예 두뇌 한편으로 밀쳐둔 채 하늘이니 낙엽이니 장미니 인생이니 고독이니 하고 고상을 떨며 뇌세포를 쥐어짜다가 소화불량이 되곤 하는 게 안타까운 한국 아줌마 수필계의 일반적인 현상이다.

이런 풍조를 과감히 털어내고 아줌마 이야기를 본격적으로 다룬 게 바로 신선숙 작가다. 신 작가는 스트립쇼를 하듯이 작가 자신을 그대로 드러낼 뿐만 아니라 부모와 자식-손자 대에 이르기까지 두루 공평하게 소개해 준다. 외양만이 아니라 뇌세포에 들어있는 세계관이나 인생관, 행복관, 신앙관까지 투명하게 부각시켜 준다. 덧붙여서 이 작가는 동창부터 친지까지로 폭넓은 교유 방명록을 보듯이 개성미 넘치게 생생하게 풀어낸다.

한국 아줌마들의 왁자지껄한 오찬회 같은 분위기가 바로 신선숙 작가의 작품세계다. 여기서는 인간미 넘치는 오욕칠정 五慾七情이 불나비처럼 종횡무진하기에 모두가 만담가처럼 기지와 재치를 번득이며 한껏 표현의 자유를 펼치는 유머 경연장 분위기로 들뜨게 된다. 아줌마들의 표현의 자유 앞에서는 지구도 들 수 있다는 무한한 지렛대보다 더 센 권력자부터 소중한 낭군님까지도 아작난다 한들 놀랄 일이 아니다. 요지경 같은 이 오찬 모임의 르포가 바로 신선숙 작가의 진수다. 한국 아줌마의 생활철학 교본으로서 가장 적합한 작품들로 이뤄져 있는 것이 바로 이 수필집이다. 필시 신 작가의 작품에 빠지고 나면 글쓰기가 얼마나 재밌고 신선놀음처럼 세월 가는 줄 모를 아줌마들 세계가 지닌 도화원桃花源인가를 감지하게 될 것이다. 신 작가의 넉넉한 낙천성에 바로 한자리하고 싶어질 것이다.

이런 아줌마 세대를 신 작가는 "이단 옆차기로 남편의 가슴 팍을 차버린다. 그러더니 급기야는 무릎 꿇리고 두 손을 높이 들게 하며 반성하라고 폭력"을 휘두르는 세대를 길러낸 어머니 상으로 설정한 작품이 「52년생 김지영」이다. 조남주의 베스트 셀러였던 『82년생 김지영』을 빗댄 52년생이란 바로 우리 시대 아줌마들의 선배 세대거나 바로 그 세대의 주인공이기도 할 것이다.

이 아줌마들이야말로 우리의 전통적인 민족의 파토스인 정과 한의 정서를 지닌 마지막 세대가 아닐까. 이들에게 가장 소중한 가치는 소가족이 아닌 대가족제 시대의 모성애라 하겠다. 이 아줌마들은 아무리 고학력자라도 핵가족 시대의 페미니스트들이 주장하는 자기중심적인 자아도취보다는 가족 중심적인 공감대 속에서 최고의 행복과 만족감을 만끽하는 가치관에 익숙하다. 그래서 인생관부터 세계관과 신앙관 등등 모든 인생행로의 향방이 하나의 등대를 향하기 마련이다. 그 하나의 등대란 아버지-남편으로 이어지는 가부장제가 오랜 시대에 걸쳐 형성해 온 가치관에 다름 아니다.

2. 신념교 교주와 신도

신선숙 작가에게 일생일대의 인생 행로의 전환점은 광주 집에서 "대학 4학년 재학 중"인 스물두 살 때, "사회에 나가 돈도 벌고, 멋진 연애도 하고 싶다는 생각뿐"이었던 겨울 어느 날이었다. 너무 추워 친구랑 자기 방에서 아랫목에다 이불을 편 채 거기에다 다리를 넣고서 수다를 떨고 있는데, "얼굴은 멀쩡한데 앞니 두 개를 백금으로 덮은 청년이 어느 날 나를 보러 집에 왔다." 바로 신 작가의 운명의 운행에 코페르니쿠스적인 전환을 가져온 날이다. 내막인즉 스물여섯 살의 백금 청년의 큰어머니가 그를 데리고 신 규수의 선을 보러 찾은 터였다. 온돌방이라 윗목이 찼기에 따끈한 아랫목으로 내려오라고 인사조로 권했는데, 그는 "네, 몹시 춥군요."라며 "성큼성큼 다가오더니 우리가 덮고 있던 이불 속으로 발을 들여놓고 앉았다. 다시 나가라는 소리도 못 하고 친구랑 서로 쿡쿡 찌르며 웃을 수밖에 없었다."

이 서울 청년은 취직 인사차 광주의 큰어머니 댁에 들렀다가 불시에 중매 제안이 들어와 이런 정황에 이르렀기에 어찌 보면 두 남녀가 줄탁동시에 맞은 '운명의 해후'라 할 수 있겠다.

몇 번의 만남 후 그가 "이 책 한번 읽어 보시겠어요?" 하며 클라우드 M. 브리스틀의 『신념의 마력』이란 책을 가져왔다. 제목이 멋있었고, 첫 선물로 책을 주니 신선했다. 그 책의 저자는 의식으로 상상하고 사고하여 잠재의식에 넘기면 위대한 에너지가 생긴다고 주장했다. 그 에너지에는 실현하는 힘이 있다고 했다. 생각으로 다듬은 의식이 잠재의식에서 요리되어 다시 의식의 표면으로 되돌아오는데 그것이 신념으로 숙성한다는 것이다. 이렇게 숙성된 강한 신념은 실천 행동의 토대가 되어 성공의 열쇠가 된다는 게 책의 요점이었다. 결국은 자신을 믿는 것이 최선이요 믿음대로 모든 것이 이루어진다는 내용이었다. 남자는 이 책에 매료된 듯 자신만만하게 말했다.

"이 책에서처럼 나를 믿으면 모든 것이 순조로울 것이며 평생 행복할 거요. 나, 무조건 믿어 봐요. 믿지요?"

자기가 신도 아니면서 아예 무턱대고 자기를 믿으라고 했다. (「신념의 매력」)

신선숙 요조숙녀가 백금 청년의 평생 신도가 된 데는 아버지마저 앞에 나서서 그 헌헌장부가 "대학 다닐 때 맨 앞에서 데모해 그의 사진이 동아일보에 크게 실렸다는 말에 껌뻑" 넘어간 것도 크게 한몫했다.

천상배필이랄 수 있는 이 부부는 구혼시절부터 부군은 '신념교의 교주'가 되었고 아내는 "그의 세상에 한 사람뿐인 나 홀로 신도"가 된 것이다. 그러나 아무리 교주와 신도의 찰떡궁합이라 한들 어찌 음양오행이 관장하는 우주의 섭리로 파생된 변증법적인 갈등과 모순이 없었겠는가. 이럴 때면 교주는 어김없이 신도에게 가스라이팅 요법으로 흔들거리는 신앙심을 땜질하기에 '신념교'는 결코 배신자나 분파는 생기지 않는다.

이렇게 신념교를 장황하게 소개한 데는 충분히 그만한 이유가 있다. 이거야말로 신선숙 작가에게 생활철학의 뿌리가 되어 세계관, 인생관, 신앙관, 행복관, 운명관 등등을 형성하는 일원론―元論이기 때문이다. 이 작가의 문학세계란 바로 이 '신념교'라는 일원론을 파악해야만 전모를 파악할 수 있도록 형성되어 있다.

이 작가의 삶의 총체를 표징 하는 술어는 '낙천론'이며, 그 낙천론은 바로 '신념교'라는 원자핵 세포를 구조로 단단하게 형성되어 있다. 신 작가에게 이런 낙천론을 전이시킨 주인공인 부군은 안동 김씨의 25대 손이고, 조선 후기에 "세도를 부리던 안동 김씨"가 "정권을 잃고 유배를 당"해 제주섬으로 입도入島해 뿌리 내린 것이 장장 10대조에 이른다. 귀양 간 사람들, 더구나 "제주까지 갔다면 필시 중죄인이었을 테니 비석인들 제대로 갖추지 못했으리라. 더불어 그 자손들도 얼마나 많은 고초를 겪으면서 오랜 세월 타향에서 힘들게 살았을까."라고 신 작가는 조상들의 삶까지도 챙길 만큼 섬세하다. 이 작가가 이처럼 조상을 섬기게 된 데는 인류의 오랜 신앙행태인 조상신 숭배의 풍습이 비교적으로 강한 제주도 섬 문화의 영향이 제일 큰 탓이지 싶다.

조상숭배에서 가장 소중하게 여기는 건 제사와 묘지관리이고, 이에 대한 모든 책임은 장자 우선 관습에 따르기에 종갓집 맏며느리인 신 작가는 이를 고스란히 수행해야 할 처지이다. 제주 특유의 장묘문화는 "지관이 좋은 곳이라고 하면 남의 밭에도 산(제주말로 무덤)을 썼다. 짐승들의 침입을 막고 화재를 막으려고 직사각형이나 사다리꼴 모양으로 산 담을 이중으로 쌓는다." 그렇게 제주 들판 남의 땅에다 여기저기 터를 잡은 집안의 산소가 열일곱 기에 이르기에 아무리 신념교도 의식이 강해도 수시로 변하는 들판의 풍경 때문에 벌초를 할 때마다 찾아 헤매기가 일쑤였고, 기후가 변덕을 부리면 묘사 지내러 갔다가 제날짜에 돌아오기도 못하는 처지여서 신 작가 부부는 이런 번거로움을 자식에게까지는 부담을 주지 말아야겠다는 일념으로 그 후보지 물색에 나섰다.

서울에서 가까운 용인으로 정한 그날 밤 작가는 꿈을 꾼다. "이십여 명이 넘는 옛날 사람들이 무명옷인지 비단옷인지를 입고서 산등성이를 올라가는 모습"이었다. 꿈에 본 그 산등성이를 용인 묘지에서 찾으니 너무나 똑같은 곳이 있어 그곳으로 가족묘지 터를 잡아 이장의 절차를 마쳤고, 바로 그날 밤 작가는 "다이아몬드를 내 손에 쥐어 주는 꿈을 꾸었다. 가장 강하고 영원하다는 다이아몬드를 준 것은 조상들의 감사 표시인 것 같다." 여기서 작가는 생각한다.

영혼은 있을까.
있다고 본다. 지금 조상들을 모신 자리는 애초에 너무 비싼 곳이라서 안내원이 추천하지 않은 곳이었다.
(「귀양다리 해배되다」)

묘사와는 달리 일 년에 열네 번 지내야 하는 제사는 다르다. 자손들을 잘 지켜 주실 것이라는 기복적인 믿음이라 긍정적인 요인이 강하지만 "조상을 섬기는 관습이 가정평화보다도 비중이 크고 가족의 행복보다 앞선다면 폐습이라고 본다. 한 번 사는 현재의 삶이 무엇보다도 중요하다고 생각한다."는 것이 신 작가의 이성이 내린 판단이다. 자신이 겪은 고통을 후대에까지는 강요할 의도는 전혀 없기에 "우리가 죽고 난 후의 일은 자식들의 일이니 제사를 안 지낸다 한들 죽은 우리가 어쩌겠는가."(「종부가 뿔났다」)라는 게 현실적인 대안이라 면례緬禮 강행에 비하면 미온적이다.

3. 운명론과 신념교의 갈등, 그리고 신비주의

신념교도로서의 신선숙 작가는 강한 자아 인식과 낙천론을 향유하면서도 조상신을 인정하는 유신론자로서는 어쩔 수 없이 운명론의 사슬에 묶여 엄청난 비극을 겪기도 한다. 이 작가가 피할 수 없었던 운명의 힘에 의하여 겪었던 가장 큰 참척의 아픔은 어린 나이에 출산하여 무조건 예뻐하면서 키운 딸 희성이를 잃은 사건이다. 22세로 연세대 철학과 4학년 때 캐나다에 교환학생으로 갔다가 축제 때 기숙사생들과 함께 미국 여행 마지막 날 "맨해튼 49번가 횡단보도에서 트럭에 치여 뇌수술을 받다가 친구들의 오열 속에서 저세상"으로 가버린 딸.

그 딸에게 바친 절명사絶命辭이자 단장사斷腸詞에 애통 절통의 모성애가 넘치는 조사인

「아무리 멀리 있어도」「꼭 붙잡고 따라갈 거야」「엄마가 행복해야」「나도 행복 하니까」라는 4편은 가히 참척의 아픔을 겪은 절절한 모정의 4절四絶이라 불러도 손색이 없는 명수필이다. 아마 현대 수필문학사에서 이만한 절창을 찾기가 쉽지 않을 것이다. 이 4품四品을 통하여 신 작가는 자신의 인생관, 신앙관, 운명론 등등을 다 드러내 준다.

그 참척의 아픔을 겪은 지도 어언 28년이 지났지만 여전히 "아침마다 눈을 뜨면 교환학생으로 캐나다로 떠나갈 때 공항에서 입 맞추며 포옹했던 감촉이 내 가슴에 촉촉하다. 거기서 아직 공부하고 있을 것만 같아 받지 않는 전화를 한 번씩 걸어본다."는 신 작가. 유난히 살가웠던 모녀간으로 서로가 상대를 챙기며 온갖 충고와 염려도 서슴지 않았던 관계여서 딸은 수시로 "딸 같은 우리 엄마 어떡하지?"라며 마치 자신이 엄마인 듯 걱정했다. 심지어는 "정리 정돈을 못 하는 이 어미의 가방을 정리"해주기까지 하는 세심한 배려도 베풀었다.

욕심이 많았던 희성은 작가가 되고 싶다며 좋아하는 작가를 찾아다니다가, 법률가가 되고 싶다고도 하더니 결국은 철학과에 들어가 나름 인생의 번민을 하는 듯했다. 그런 딸이 캐나다에서 전화를 통해 남긴 말은 너무나 생뚱맞았는데, 그게 유언

이 되어버렸다.

"엄마, 이 세상에서 난 엄마가 제일 걱정이야. 골프도 열심히 치시고 여행도 열심히 하며 항상 즐겁게 살아야 해. 아무리 멀리 있어도 엄마가 행복해야 나도 즐겁고 행복하니까." (「아무리 멀리 있어도」)

희성이가 캐나다로 떠나기 전 같이 봤던 영화에 공주가 죽는 장면이 나왔는데, 그녀는 뚜껑 열린 관 속에 예쁜 드레스를 입고 잠자는 모습이었다. 이에 희성은 "나는 엄마 없으면 못 사니 엄마보다 먼저 죽고 싶어. 나도 죽으면 저렇게 예쁘게 장례를 치르면 좋겠다."고 해서 심하게 야단쳤다.

말이 씨가 되어 막상 딸의 장례를 치러야 할 모정은 수소문해서 "그 영화 속의 모습 그대로 치장하여 영화에 나오는 공주처럼 분홍색 드레스를 입히고 꽃을 손에 쥐여 주고 천주교식으로 장례"를 치르고 있었는데, 끝날 때쯤 "청하지도 않은 청초한 여승 한 분이 스르르 들어오셨다." 의아하여 그 연유를 묻자 "희성이가 어젯밤 나를 찾아와서 엄마를 위로해주고 울지 말라고 전해주라고 해서 왔어요."라고 하며 이렇게 덧붙였다.

"원래 가야 할 일정에 이틀이 모자라서 잠깐 엄마를 선택해 잠시 머물렀는데 엄마가 너무 좋아 떠나기 싫어 두 시간을 지체해 버렸어요. 이제는 꼭 가야 하기에 부랴부랴 떠나가네요." (「꼭 붙잡고 따라갈 거야」)

"저세상의 시간은 20년이 이틀이고 2년이 두 시간인가 보다." 스님의 꿈에 나타났던 희성은 "떠나는 이 세상에서 엄마가 가장 걱정이에요. 울지 말라고 위로해주시고 인연 따라 잠시 왔다가 원래 내가 갈 곳으로 가니 너무 슬퍼 마시라고 꼭 전해주셔요."라고도 하며, "장례식을 올리는 성당까지 정확하게 가르쳐주더라고 했다. 너무나 기이했다."

이런 믿거나 말거나 현상이 이것으로 끝나지 않았다.

작가는 "사후세계가 궁금하여 영혼이 있다면, 단 한 번이라도 볼 수 있다면 얼마나 좋을까 싶어 영매들에게 가서 의지도 했었다."

절망의 나락에 처한 인간이 추구하는 가장 원시적이자 비과학적인 탈출구의 하나인 영매靈媒란 죽은 사람들의 영혼과의 만남 혹은 대화를 뜻한다. 우주 시대니 컴퓨터 문명이니 하지만 영혼의 문명사적인 탐구는 여전히 원시시대나 마찬가지로, 인류가 가장 먼저 창출해 낸 종교형태인 샤머니즘에서 어정대고 있다. 다신론에 근거한 샤머니즘이야말로 영매에 다름 아니며, 여기서 점진적으로 인간의 예지가 발전하여 부족종교를 거쳐 민족종교의 단계로 진입하면서 일신론이 싹 텄고, 이게 더 개화하여 세계인이 두루 믿을 수 있는 보편적인 종교의 단계로까지 변모했다. 이 과정에서 샤머니즘은 사갈시蛇蝎視 당해 미신의 추방지로 내몰렸으나 워낙 인류 신앙의 원천이라는 깊은 뿌리 때문에 여전히 어떤 종교를 믿든 상관없이 모든 인간에게는 근본적으로 샤머니즘에 대한 희미한 기억으로부터 완전히 해방되기는 어렵다. 그만큼 생은 누구에게나 괴롭기 때문이다.

한국에서는 영매(mediumship)가 무당을 중심으로 전문화되어 매우 성행하고 있으며, 서구에서는 교령술交靈術이라는 명칭으로 한 영매자를 중심으로 둥근 탁자를 둘러싸고 몇몇이 앉아 그 영매자의 주문에 따라 각자가 자신이 만나고 싶은 사자와 대화를 나누는 형식을 취하고 있다. 이런 형식의 교령회 혹은 감령회(seance) 참가자로 널리 알려진 가장 유명한 인물은 빅토르 위고일 것이다. 그는 가장 사랑하던 맏딸이 결혼하여 부부가 함께 보트를 탔다가 익사하자 너무나 절통하여 절망의 나락에서 헤매기도 했다. 그 뒤 위고는 1848년 2월 혁명으로 민주헌법에 의한 대통령 선거에서 사기꾼이나 다를 바 없는 나폴레옹의 조카가 당선되어 독재체제로 돌아서자 이에 저항하다가 체포령을 피해 벨기에를 거쳐 영국령 제르제(Jerrsey, 영어로는 저지) 섬에서 교령술에 흠씬 빠져 이를 통해 맏딸을 비롯해 몰리에르와 셰익스피어의 혼령과 대화하며 고통과 분노를 달래기도 했다는 일화가 전한다.

필시 신선숙 작가도 이런 심경이었으리라. 그래서 수소문 끝에 일산의 유명한 영매를 찾았는데, 희성의 사진을 보여주자 깜짝 놀라며 딸이 "캐나다로 가기 직전 친구들과 점"을 보러 왔었다며 그때 나눴던 대화를 들려줬다.

"너희 집에서 웃어른이 죽을 수 있다. 엄마를 모셔 와라, 빨리! 안 그러면 네가 갈 수도 있으니."

이렇게 무서운 소리를 했다고 한다. 희성이는 잠자코 있다가 그 어른이 엄마라고 생각한 모양이다.

"만약 엄마가 간다면 난 더 싫어요. 내가 가는 것이 좋아요"

라며 웃더라고 했다. (「엄마가 행복해야」)

이런 말을 들었을 때 작가의 심경이 어땠을까. 자신의 아픔을 치유 받으려다 도리어 더 상처를 건드린 격이 된 작가는 명무녀를 수소문하다가 종로의 백발백중 평판이 난 법사를 찾았는데, 작가를 보자 금방 "뉴욕 맨해튼 49번지에서 딸이 갔네! 보살! 딸이 엄마 걱정이 많구먼."라는 말에 이어 "'엄마가 제일 걱정이야. 모임도 잘 다니시고 골프 열심히 치며 즐겁게 살아야 해. 아무리 멀어도 엄마가 행복해야 나도 행복하니까'라고 했잖아요?"라고 희성이가 한 말을 "토씨 하나 틀리지 않게 그대로 뇐다." 이어 법사는 딸이 엄마를 꼭 한번 골프장에 데려가 달라고 부탁한다며 바로 실행해 줬다. 뿐만 아니라 희성이 어머니에게 하고 싶었던 사생관까지 들려주며 "보살님이 편안해야 따님도 편안할 겁니다. 이제 아무 걱정 마시고 보살님은 즐겁고 행복하게 사시면 돼요."라고 다독여 주었다.

빅토르 위고가 교령술의 유혹으로부터 탈출할 수 있었던 건 집필 중이었던 『레미제라블』을 완성하려는 투지였듯이 신선숙 작가 역시 희성을 잃은 아픔으로부터 헤어날 수 있었던 건 부군의 신념교에 대한 믿음과 딸의 소망, 그리고 낙천적인 작가의 기질이었을 것이다. 신 작가보다 훨씬 가혹하게 부군과 아들을 계속 잃은 참척의 슬픔을 당했던 작가 박완서는 그 고통에서 헤어나 그 전보다 더 심오해진 경지의 걸작들을 쏟아내기도 했다. 고통이란 이를 맞아 출구를 찾는 방법에 따라 달라지기 마련인데, 신 작가는 이를 신념교로 잘 극복, 생을 달관의 경지로 끌어올렸다.

그래서 신 작가는 조상신을 믿는 유신론자로 운명론도 믿지만 그 주어진 운명론의 굴레에서 최선을 다하는 낙관론이 그 바탕을 이룬 것이라. 작품 「점」이나 「할망」 등에 나타난 보통 사람들의 '생활인의 철학'은 바로 이런 작가의 진면목을 드러낸 것이라 하겠다.

4. 문학적 감성의 핵을 이룬 측은지심

그러나 세속에 찌들다 보면 자신의 삶의 본질은 사라진 채 욕망만이 앙상하게 드러나기 마련인 게 인생살이이기 십상인데, 권기헌의 『가야산으로의 7일간의 초대』를 읽은 부군이 이를 실천하고서 "수련은 당신이 해야 할 것 같아."라고 권하여 바로 실행한 전말을 자상하게 르포한 작품 「슬리퍼」는 현대인 누구에게나 영혼의 청량제 역을 해줄 읽을거리가 될 것이다.

그곳에 도착하자 바로 개량 한복과 슬리퍼만 쓰라는 생활

규범에서 제목을 취한 이 작품은 신선숙 작가의 진아眞我 찾기가 무엇인가를 샅샅이 보여주는 영혼의 탐구학이다. 한 평쯤 되는 독방에서 면벽수도와 큰 강당에서 단체 수련을 거듭하는 과정을 통하여 각자의 내면 깊숙이 잠재해 있는 온갖 번뇌들을 끄집어내서 "저 우주 끝에다 버리는 작업"을 통해 텅 빈 영혼의 창고에다 결가부좌 자세로 우주의 강하고 맑은 기운을 백회로 맞아들인 후(튼튼한 육신 수련) 입성인入性人, 즉 말끔한 영혼만을 형성시키는 과정을 맞는다.

이런 경지에서 신 작가의 자아 확립과 그의 문학세계가 드러난다. 작가는 자신의 문학관을 이렇게 피력한다.

자신의 의지만 주장하면 옹색해진다. 그런 삶이 힘들기에 자연과 예술로 숨구멍을 찾는다고 했다. 인간사의 감정 중 연민과 고통 없이 예술이란 불가능하다는 것이고 연민과 고통이 예술의 본질이라는 것이다.
사람들은 예술의 본질 속으로 조금이라도 들어가고 싶어 글쓰기를, 그림을, 음악을 찾는 것 같다. 나에게도 글쓰기가 숨구멍이 됐을까. 글쓰기를 하면서 삶을 조금 객관적으로 볼 수 있게 된 것 같다.
나를 아는 데 가장 좋은 수단이라는 수필을 늦게나마 배우고 쓸 수 있었다는 사실이 고맙다. 지나온 인생을 펼쳐 놓고 반성도 하고 성난 마음도 측은히 돌아보며 나 자신을 도닥도닥 품어 줄 수 있었던 것이 큰 수확이었다. 다른 이들에 대하여 포근한 마음이 생겨나고 용서라는 어려운 단어에도 조금 가까워진 느낌이 든다. (「서문」)

연민과 고통이 자신의 문학정신의 핵으로 본 신 작가는 공자가 말한 어짊(仁)의 단초이자 맹자의 사단四端사상 중 맨 먼저인 측은지심惻隱之心을 삶의 가장 소중한 가치관으로 삼는다. 남의 아픔을 내 아픔처럼 받아들이기란 인문주의 사상의 원천이기에 이게 없으면 인간 축에 못 끼인다는 첫 번째 조건에 다름 아니다.

연민이야말로 이웃들과 함께 더불어 살아가기이며 그게 신 작가의 신념교와 조화를 이루는 비의이기도 하다. 이런 정서는 결코 잘난 척함과는 궁합이 안 맞다. 더불어 살기란 항상 자신보다 어깨가 낮은 사람과 함께 하는 걸 뜻하지 잘난 사람들과만 더불어 사는 게 아니기 때문이다.

신 작가의 겸허성은 자신을 낮추기에서 비롯한다. "어릴 때부터 큰 꿈이 없었다. 뭐가 되겠다느니 하는 생각도, 누구를 크게 부러워하는 마음도 없이 그저 현모양처로 남편 출세시키고 애 낳아 잘 키우며 살림 잘하면 된다는 소소한 꿈을 꾸고 있었던 것 같다."라고 자신을 소개한다. 물리 교사였던 아버지의 둘째 딸로 자란 신 작가가 "일찍 결혼해서 아이 키우느라 여념 없을 때" 아버지가 용한 점쟁이에게 갔다 오는 길이라며, "당신의 세 딸 중에 신사임당 같은 따님이 한 분 나올 겁니다."라고 했다며 그게 바로 너라는 것이었다.

"순해 빠진 순둥이에 웃기나 잘하는 내가 감히 어떻게 그분"처럼 되느냐는 자학에 아버지는 지금부터라도 여러 공부를 시작해 보라며 "우선 『주역』을 배우고 음양오행의 섭리를 터득하는 것부터 시작"하라고 일렀고(「흐지부지한 놈」), 작가는 효성스럽게 그대로 따랐는데, 이게 신 작가의 세계관과 문학관 확립의 초석이 되었음은 말할 필요도 없겠다. 그러니 다른 건 몰라도 글쓰기라면 신사임당의 버금은 가는 작가가 되었으니 딴에는 그 예언이 허망한 것도 아니다.

그러나 글쓰기란 또 무어 그리 대단한 가치가 있을까?

존재론적으로야 죽음을 맞으면 "쓰레기 치우"는 듯이 지구에서 사라지고 말 부유인생과 마찬가지로 글 역시 마찬가지가 아닐까. 이런저런 사념으로 "몇몇 사람들에게 무엇을 남기고 가고 싶으냐"고 물어 얻은 답변을 작가는 이렇게 축약해 준다.

대부분이 정직하게 사는 모습을 자손들에게 남기고 싶다고 했다. 또한 배려하고 남을 위해 사는 모습도 보여주고 가고 싶다고들 했다. 자식들에게 많이 남겨 주려고 머리를 쓰고 매사에 인색하고 욕심이 많았던 사람들인데도 말은 모두 그렇게 했다. 희한한 것은, 이기적인 사람일수록 평생 그렇게 살았노라고 말하더라는 것이다. 사람들은 모두 본성은 맑고 밝으니까 그런 소망을 마음속에 품고 있었는데도 막상 사는 모습들은 그러지 못했던 것 같다. 자식들이 과연 그들의 말과 행동이 다른 것을 모를까. (「남기는 것」)

바로 신 작가가 강조하는 연민과 고통의 공감대에 다름 아니다. 이 가치야말로 우리가 망자 앞에서 회억할 수 있는 기억장치에 보관하는 삶의 평가 척도가 될 것이다.

존재론적인 사슬을 벗어나려는 일상으로부터의 탈출의식을 다룬 작품이 「어퍼컷」인데, 아무리 인간이 그렇게 일탈을 시도해도 역시 정과 한으로 이뤄진 인연의 고리는 벗을 수 없다는 걸 보여준 작품이 「유심히」이다.

이 연민의 정을 가족애로 승화시킨 작품이 「볏단 나르기」라면, 가족과 이웃에서 북녘 동포들에게까지 확장시킨 작품이 「꽃보다 청춘으로」이다. 라오스 기행인 이 글에서 작가는 그곳 스님들의 수도 자세를 통하여 새삼 연민의 소중함을 상기시키며 외세에 의하여 분단된 우리의 현실을 대입시킨 데서 이 작가의 넉넉한 민족의식이 묻어난다.

그러나 이런 일련의 작품에 뒤지지 않게 독자들이 주목해야 할 작품군은 역시 신선숙 작가의 장기인 아줌마들의 수다를 통한 요지경 같은 흥미진진한 휴게실이다. 「그런 연애 한번 해볼걸」이나, 「질투는 늙지 않는다」, 「알랭 들롱이 뭐길래」 등등은 나이에 상관없이 영원한 청춘에 영혼을 고착시킨 여심의 오묘한 경지를 코믹하게 펼쳐주며, 「잠은 꼭 집에서 자겠습니다」는 신 작가가 가장 소중히 여기는 가족의 주요성을 부각시킨 상큼한 읽을거리다.

그런가 하면 아줌마들의 수다는 국경이 없어서 「월세는 괴로워」나 「저분, 참 불쌍하지 않아요?」는 요즘 세태의 한 단면을 보여주는 고발성까지 갖춘 문제작이다. 그러거나 말거나 이렇게 아줌마들이 즐겁게 환담을 하는 동안에도 세월은 흘러 결국 모든 인간은 늙어가며 죽음을 맞을 준비를 해야 된다는 냉혹한 현실을 직시한 작품이 「돈과 딸」이다.

이제 신선숙 작가의 글 손은 이로써 완전히 긴장이 풀려 어떤 화두든 그 손에 들어가기만 하면 국수 가락처럼 세련되게 줄줄이 이어질 원숙기에 들어섰다. 이 첫 수필집을 신호 삼아 더욱 활발한 활약을 펼쳐주기를 기대한다.

신념의매력

신선숙 수필집

초판 1쇄 2024년 5월 23일

지은이   신선숙

발행인   임길순
편집   정진희
디자인   박지니
발행처   한국산문
등록   제2013-000054호
주소   03131 서울특별시 종로구 율곡로6길 36, 207호
전화   02-707-3071
팩스   02-707-3072
전자우편   koreaessay@hanmail.net

ISBN   979-11-94015-02-4 03810

ⓒ 신선숙, 2024

* 이 책 내용의 전부 또는 일부를 재사용하려면 저작권자와 한국산문의 동의를 받아야 합니다.